어느 개척교회 목사의 이야기

사람바보

국립중앙도서관 출판시도서목록(CIP)

사람바보 / 지은이: 박용궁. -- 서울 : 예영커뮤니케이션, 2013
  p. ;   cm
ISBN 978-89-8350-850-8 04230 : ₩ 9000
기독교 신앙 생활[基督敎信仰生活]
234.8-KDC5
248.4-DDC21   CIP2013011393

사람바보

초판 1쇄 펴낸 날 · 2013년 7월 20일 | 초판 2쇄 펴낸 날 · 2013년 8월 5일

지은이 · 박용궁 | 펴낸이 · 김승태
등록번호 · 제2-1349호(1992. 3. 31) | 펴낸 곳 · 예영커뮤니케이션
주소 · (136-825) 서울시 성북구 성북1동 179-56 | 홈페이지 www.jeyoung.com
출판사업부 · T. (02)766-8931 F. (02)766-8934 e-mail: jeyoungedit@chol.com
출판유통사업부 · T. (02)766-7912 F. (02)766-8934 e-mail: jeyoung@chol.com

ISBN 978-89-8350-850-8 (04230)
ISBN 978-89-8350-849-2 (세트)

Copyright © 2013 박용궁

값 9,000원

어느 개척교회 목사의 이야기

사람바보

박용궁 지음

예영커뮤니케이션

 # 서문

    이 글은 내가 쓴 것이지만 사실 모든 개척교회나 작은 교회 목사님들의 공통된 이야기입니다. 목회자나 목회 후보생, 또는 일반 신자들 사이에서 작은 교회와 개척교회를 기피하는 경향이 나타납니다. 그러나 개척교회나 작은 교회에도 넘치는 하나님의 사랑과 눈물과 헌신이 있습니다. 그러한 길을 걷는 모든 이들에게는 공감과 희망을, 그리고 일반 성도들에게도 하나님의 교회는 어디나 같은 모습을 가지고 있음을 말하고 싶습니다. 아니 교회의 크기를 떠나 언제나 변함없이 우리를 지키시는 하나님의 사랑에 대해 말하고 싶습니다.

    세상에서는 대형교회들의 문제가 터지면 그 크기에 비례하여 사회적 파장이 너무도 큽니다. 심지어 그런 기사가 나올 때마다 많은 목회자들은 몇 만 명이 떨어져 나갔다고 개탄하기도 합니다. 그러나 그러한 이들의 수보다 하나님을 신실하게 온 몸으로 따르고자 하는 목회자들의 수가 더 많습니다. 바로 모든 것 주시고 눈물로 보듬어 안으시는 하나님의 사랑 때문에 말입니다. 비록 규모나 각종 프로그램들에서는 차이가 있을지라도 어디보다 하나님을 찾고자 하는 교회들이 많습니다. 이제 주님의 뒤를 따라 십자가를 지고 가는 이들이 더하여지고, 일어나 빛과 소금의 사명을 수행해야 할 때입니다. 교회를 향한 비판과 반목이 아니라 하나님의 한결같으신 사랑에 따라 그 마음을 품는 자들과 교회들이 주목받고 늘어나길 소원합니다.

교회와 주님을 따르고자 하는 사람들에게 세상의 물질주의적 가치 판단이 아니라, 다시금 성경으로 돌아가는 종교개혁의 정신이 회복되기를 소원합니다. 그래서 이론과 냉철한 분석이 아니라, 내가 먼저 주님의 발자취를 따르는 교회들이 건강하게 성장하기를 원합니다. 대형교회든지 작은 교회든지, 혹은 개척교회든지 모든 교회를 향한 하나님의 사랑과 소원이 계심을 믿습니다. 하나님의 은혜는 십자가의 은혜이며, 그 은혜는 자기의 십자가를 지는 자에게 허락된 축복입니다. 교회에 실망하고 비판하기보다는, 교회의 규모에 따라 갈 곳을 선택하기보다는 어느 교회이든지 하나님께서 원하시면 기꺼이 동참하는 주님의 사람들이 더하여지길 소망합니다.

나에게 있어서 하나님의 사랑은 나의 모든 것 바쳐 따르게 하는 감격스러운 은혜입니다. 부족하고, 흠 많은 자를 사랑하시고, 이끄시는 하나님을 볼 때, 나로 하여금 내 만족에 머무르게 하시는 것이 아니라, 바로 그 사랑이 향하는 다른 사람들과 나의 교회를 보게 하십니다.

어느 목사님이 대화를 나누던 중, 그분이 이런 말을 했습니다. 만약 자신이 설교하는 것만큼 믿음이 있고 그대로만 살 수 있다면 얼마나 좋을까 생각한다고 말입니다. 강단에서 선포되어지는 말씀, 기록되어진 성경의 말씀에 확신이 있다면, 분명 주님의 뒤를 따르는 교회와 사람에게 하나님께서 흔들리지 않는 사랑의 약속이 역사하실 것임을 믿습니다. 성경의 말씀은 그대로 이루어질 것이기 때문입니다. 비록 지금의 나는 실수투성이요, 부족한 점들을 놓고 홀로 강단에 엎드려 기도할지라도, 또 엄청난 방법도 없는 미련하고 답답한 교회라 할지라도 말입니다.

이 책을 쓰기로 결심하고도, 현실적인 어려움들로 인해 구체적으로는 말 못하고 단지 하나님의 도움이 필요하니 나를 위해 기도해 달라는 요청을 했을 때, 말없이 자신들끼리 페이퍼를 돌리며 릴레이 금식으로 기도해준 사랑하는 생명의교회 모든 성도들에게 고마움을 표합니다. 그리고 무명의 사람, 하찮은 개척교회의 목사에게도 책을 내자고 선뜻 결정하여 주신 예영커뮤니케이션 김승태 대표님과 모든 수고한 직원들, 또한 좋은 사진들을 내주어 책을 꾸미는데 도움을 준 역촌성결교회 김대영 집사님에게도 감사를 드립니다. 인근의 작은 개척교회를 위하여 함께 기도하여 주고 전도하여 준 부천삼광교회 교우들과 특별히 전도팀, 그리고 심원용 목사님께도 감사를 전합니다. 오늘도 내 뒤에서 말없이 도와주는 아내와 그러한 부모를 기쁘게 따라주는 두 아들에게 우리 주님께서 위로하시고 길을 인도하시는 역사가 함께 하길 기도합니다. 그러나 무엇보다도 나를 위해 자신의 모든 것 다 주시며 사랑하시는 하나님께 감사를 먼저 드립니다.

2013년 6월의 어느 날
기독교대한성결교회 생명의교회 담임목사 박용궁

제 1장 사랑함이 마땅합니다

사랑하는 자들아 우리가 서로 사랑하자
사랑은 하나님께 속한 것이니
사랑하는 자마다 하나님으로부터 나서 하나님을 알고
사랑하지 아니하는 자는 하나님을 알지 못하나니
이는 하나님은 사랑이심이라.
하나님의 사랑이 우리에게 이렇게 나타난바 되었으니
하나님이 자기의 독생자를 세상에 보내심은
그로 말미암아 우리를 살리려 하심이라.
사랑은 여기 있으니
우리가 하나님을 사랑한 것이 아니요
하나님이 우리를 사랑하사
우리 죄를 속하기 위하여 화목 제물로
그 아들을 보내셨음이라.
사랑하는 자들아
하나님이 이같이 우리를 사랑하셨은즉
우리도 서로 사랑하는 것이 마땅하도다.
(요일 4:7~11)

하늘 갔다 왔습니다

개척하며 동분서주하던 중, 한 교회에서 우리 교회의 전도를 돕기로 하고 매 주 그 교회의 전도팀이 와서 우리 교회 전도팀과 함께 전도를 하게 되었습니다. 그러던 어느 날이었습니다. 그 날도 새벽기도를 마치고 돌아와 아침 식사를 하면서 오늘 있을 전도 지역과 찾아갈 집들, 해야 할 일들을 머릿속으로 정리하며 하나님께 도움을 요청하고 있었습니다. 그러다 나는 아무 생각이 나지 않는 공백이 생겼습니다. 저녁에 아내로부터 자초지종을 듣고 나서야 그런가보다 하는 사건의 하루가 되었습니다. 미국 유학 시절, 음식점마다 그림과 대처요령이 적혀 있는 것을 보면서 저런 경우가 미국에는 많나 싶어 신기하게 보았던 이른바 "초킹," 음식물이 기도를 막아 질식하는 사건이 나에게 생겼던 것입니다.

아내로부터 들은 이야기를 구성해 보면 이러합니다. 제가 아침 식사로 떡을 먹다가 잘못 삼켜 기도를 막게 되어 그대로 식탁에서 바닥으로 쓰러졌습니다. "쿵" 하는 소리에 아내가 달려와 놀란 가슴과 벌벌 떨리는 손으로 간신히 119에 도움을 요청했고, 나에게 말을 걸어보지만 나의 안색은 점차 죽음의 사색으로 새파랗게 변해가고 굳어지는 것을 보고 눈물을 흘렸답니다. 가만히 보니 숨을 들이켜다 멈춰진 까닭에 혀와 입 안 볼을 깨물며 굳어져 가면서 피를 흘리자 아내는 다급히 자신의 손가락을 나의 입에 집어넣었습니다. 그리고 일으켜 세워 부둥켜 앉고 제 등을 두드리며 눈물로 하나님께 소리쳐 살려달라고 기도했답니다. 그러던 중, 나에게서 끄르륵 하는 소리가 나고 숨이 살며시 돌아오기 시작했고, 도착한 119 구조대원에 의해 응급조치를 받으며 응급실로 실려 갔습니다.

그 순간, 나는 오랜만에 입신과 같은 경험을 하고 있었습니다. 예전처럼 천국에 갔고, 그때처럼 하나님과 그곳에 있는 사람들을 찾아 두리번 거렸습니다. 그런데 그날은 달랐습니다. 아무도 나에게 다가서지 않았고, 이따금 먼 곳에서 나를 염려의 표정으로 바라보는 몇몇 인물들만 보였습니다. 평소에 가던 천국은 일차로 환한 빛이 선명합니다. 뭐라 형언할 수 없는 포근한 빛이 마치 내 피부 깊숙이 스며들 듯이 온통 비치고 마음에 물밀 듯 밀려오는 평안은 세상의 것과는 차원이 다릅니다. 성경에 나오는 "치료하는 광선"(말 4:2), 바로 그것입니다. 그러나 그날은 이상히도 그 빛이 나를 감싸지도 않았고 내 온몸을 휘감아 스며드는 느낌도 없었으며, 거부한다는 생각마저 들었습니다.

그때였습니다. 방향을 종잡을 수 없는 근엄한 목소리가 들렸습니다. "돌아가라!" 나는 누구의 음성인지 알았기에 하나님을 찾아 두리번거렸고, 돌아가라는 음성은 더욱 세차게 들렸습니다. 나는 오랜만에 왔는데 하나님을 뵙고 싶다고 말했지만, 하나님은 그냥 돌아가라고 속히 돌아가라고 야단치시기만 하실 뿐, 뵐 수 없었습니다. 그렇게 실랑이를 하다가 왜 그랬는지, 하나님께 나는 말했습니다. "하나님, 아시다시피 너무 지치고 피곤하고 힘듭니다. 몸도 움직일 수조차 없습니다. 돌아가야 한다면 오늘은 그냥 쉬어도 될까요?" 하나님께서 그러라고 하시며 재차 돌아가라는 말씀만이 내 귀에 울리고 나는 돌아갔겠노라고 했습니다.

그리고 나는 정신을 차렸고 눈을 떴습니다. 낯선 곳, 침대에 누워 여러 의료기기가 주렁주렁 달려 있는 나도 이상했지만 아내의 모습에 큰 아픔을 받았습니다. 눈을 떠 처음 본 것은 침대 옆에 말없이 앉아 눈물을 떨어뜨리고 있는 아내, 좀 더 보니 손을 움켜쥐고 있는데 피가 흐르고 있었습니다. 아내에게 무슨 일이냐고, 여기가 어디냐고 묻는데, 아내는 대답하지 않고 울음을 터트리며 죽지만 말아달라고, 자기가 누군지 알겠냐고 묻기만 했습니다. 아내의 소리에 의료진이 달려왔고, 나를 이리저리 살피고 몇 마디 물어보더니, 아내에게 말했습니다. "이제 살았습니다. 어서 손 치료 받으시지요." 내가 깨어나기까지 3시간 반 동안 아내는 나를 살리기 위해 내 입에 넣어 뭉개진 손가락이 찢어져 피가 흐르면서도 꿰매지 않고 침상을 지키고 있었습니다. 잘은 몰라도 피가 흐르는 아내를 보며 어서 치료받으라고 했고, 아내는 그제야 손가락 상처를 봉합하러 갔습니다.

다시 돌아온 아내에게 시간을 묻고는 전도 시간이 되었는데 이게 뭐냐고 어서 교회로 가라고 했습니다. 나는 하나님께 휴가를(?) 받았기에 자신 있게 아내에게 교회로 갈 것을 말하고, 의사가 다 됐다고 한 후에 나 홀로 병원을 나와 집으로 왔습니다. 날짜를 생각해 보니 내 생일을 열흘 앞두고 일어난 사건이었습니다.

담당 의사가 아내에게 한 말은 그렇게 초킹이 일어나고 30분 동안 숨을 쉬지 못하면 식물인간이 된다고 초기 대응이 중요하다고 했답니다. 아내의 적절한 조치와 그래서인지 속히 돌아가라고만 하셨던 하나님의 음성이 이해되었습니다. 하지만 내 마음엔 아픔이 남았습니다. 그것은 내가 눈을 떴을 때, 울고 있는 아내의 모습이었습니다. 아이들이 어렸을 적, 나는 속으로 저 아이들만 바르게 커 주면 아내가 슬플 일은 없겠다 싶었습니다. 그래서 종종 우스개처럼 아이들에게 " 내 여자 울리지 마라. 내 여자 눈에 눈물 나게 하지 마라. 그것만은 나에게 약속해 다오." 말했었습니다. 그러나 정작 아내를 울리는 것은 나뿐이라는 것을 깨달았기에 마음이 아팠습니다. 다른 사람을 아프게 하는 사람은 바로 가장 가까워야하고 사랑해야 하는 사람이라는 말입니다. 사랑하기 때문에 증오하고, 사랑하기 때문에 상처 주고, 상처 받고, 사랑하기 때문에 헤어진다고들 합니다. 모두가 궤변처럼 들리지만, 그러나 현실에서는 사랑 때문에 눈물을 흘린다고 합니다.

하나님은 정말 우리를 사랑하실까요?

우리는 흔히 하나님이 우리를 사랑하지 않으신다고 하며 원망하곤 합니다. 넋두리처럼 "신은 뭐하냐?" 한숨을 쉽니다. 그러나 그것은 그 분의 참된 본성이신 사랑을 거부하는 것입니다. 문제는 우리가 요구하는 방식대로 사랑을 표현해 달라고 하기 때문에 발생하는 문제입니다. 하나님께서 거저 주시는 은혜를 우리는 오늘도 값싼 은혜로 전락시키고 조건적인 사랑으로 만들어 갑니다. "하나님이 계시다면 이런, 이런 것을 해주세요." "하나님의 사랑을 보여 주세요." "믿어지지 않아요."

우리는 신에게 책임을 돌리고 원망합니다. 마치 자판기에 동전을 넣듯이 내가 기도하면 내가 원하는 버튼을 눌러 물건을 꺼내는 것처럼 바로 그것이 이루어져야만 믿겠다고 말합니다. 그것이 인간의 자기사랑입니다. 내 욕심에 눈이 멀고, 교회를 나와도 버리지 못하고, 움켜쥐고 하나님으로부터 짜내야만 한다고 믿습니다. 그것이 믿음이 있는 자라고 강변합니다. 오늘도 하나님은 자신이 사랑이시며, 바로 나를 사랑한다고 하시는데, 우리는 철없는 아이처럼 그러니까 이걸 달라고만 합니다. 하나님은 우리에게 십자가의 사랑을 주셨지만, 그것도 좋지만 저것을 주셔야 한다고 부르짖고 있습니다. 이미 주었는데... 이미 모든 것을 다 베푸셨는데... 하나님의 심정은 뻥 뚫리고 빈 가슴이 되어 메어지는 심정으로 애타게 우리를 향해 사랑한다고 하시지 않나요?

플러머(Plummer)는 인간이 지닌 사랑은 모두 다 하나님으로부터 온다고 했습니다. 창세기에서 인간의 창조에 대해 다음과 같이 말씀합니다.

> "하나님이 자기 형상 곧 하나님의 형상대로 사람을 창조하시
> 되 남자와 여자를 창조하시고" (창 1:27)

하나님의 형상으로 우리를 지으셨다는 것은 바로 그분의 품성이신 사랑으로 지으셨다는 것이고, 그래서 사랑할 수 있는 능력도 포함한다는 말씀입니다. 외국어에서는 관사가 있는 경우가 많습니다. 요한일서 4장 7절에서 우리말 성경의 "사랑"은 헬라어로 정관사를 붙여서 "바로 그 사랑"을 의미합니다.

> "사랑하는 자들아 우리가 서로 사랑하자 사랑은 하나님께 속
> 한 것이니 사랑하는 자마다 하나님으로부터 나서 하나님을 알
> 고" (요일 4:7)

바로 그 사랑으로 나를 지으셨다고 말입니다. 바로 그 사랑이 하나님

께 속한 것이기에 하나님을 인정해야만 바른 사랑을 할 수 있다고 말입니다. 그래서 창조하신 하나님의 깊은 속마음을 헤아려야 합니다. 하나님의 형상은 하나님의 사랑 바로 그 자체이며, 그리고 그 사랑에 따르는 그리스도인의 교제를 의미합니다.

문제는 언제나 사람들에게 걸림돌이 되는 인간의 타락이라는 선언입니다, 그래도 성경은 사람의 타락과 하나님의 사랑을 말씀합니다. 인류의 타락과 죄악이 사랑을 왜곡시켰습니다. 그래서 우리는 오늘도 사랑한다 하면서도 상대방에게 상처를 주고, 그렇기 때문에라도 더욱 미워하고, 다투며, 애증의 감정들을 교차합니다. 그러나 누구도 인정하려 하지 않습니다. 오직 문제가 있다면 내가 아니라 다른 이에게 있다고 생각하는 것, 그것이 인류의 타락이 가져온 불행입니다. 인간의 타락과 죄악은 그 쓴 뿌리만을 남겼습니다. 그로 인해 우리는 사랑하지 않는 자가 되었습니다.

> "사랑하지 아니하는 자는 하나님을 알지 못하나니 이는 하나님은 사랑이심이라." (요일 4: 8)

우리가 사랑하지 않는 자가 되었다는 것은 세상이 말하는 사랑을 잃어버렸다는 것이 아니라 바로 그 사랑을 잃었고 바로 그 사랑을 하지 않는다는 말씀입니다. 오늘도 세상은 환락을 사랑으로, 자기 충족을 사랑으로 여기며 서로가 서로를 탐닉하고, 받을 것을 계수하며 가슴앓이를 합니다.

하나뿐인 사랑

우리는 단 하나뿐인 사랑, 나만의 사랑이라는 꿈을 꿉니다. 오직 나만을 위한 그 사람. 그 사람이 지금 내 눈 앞에 현실로 나타나 나의 모든 것을 들어주고 나와 함께 하기를 소원합니다. 그러다 지치고 실망하고 상처받을 때, 우리는 허무하다고 하고 이별을 노래하며, 죽음 같은 사랑이었다고 외칩니다. 그런데 성경은 그런 사랑이 있다고 선언합니다. 너무나 소중해서 자기의 가장 귀한 것까지 내어준 사랑 말입니다.

> "하나님의 사랑이 우리에게 이렇게 나타난바 되었으니 하나님이 자기의 독생자를 세상에 보내심은 그로 말미암아 우리를 살리려 하심이라." (요일 4:9)

우리에게 나타내신 하나님의 사랑은 바로 자기의 오직 하나뿐인 외아들 예수님을 우리에게 보내신 사랑입니다. 그냥 보내신 것도 모자라 아예 죽음으로써 우리에게 자기의 사랑을 확증하셨다고 합니다. 교통사고로 시력을 잃은 아들이 시름거리며 마음에 상처가 깊어질 때, 안구 기증자가 나타났다고 수술을 끝내고 보니 어머니의 눈 한 쪽이 없었더라는 지나가는 이야기에도 감명을 받는데, 하나님은 아예 생명을 주셨다고 합니다.

그러나 그 당시에도, 그리고 지금도 이러한 이야기는 복음이 아니라 2,000년이 훌쩍 지나 흘러간 이야기요, 보지 못하고 증명되지 못할 허구라고 비웃습니다. 비록 세상이 그를 사랑하지 않았어도 외눈박이 사랑처럼 짝사랑이라 비웃어도 하나님은 아무 조건 없이 우리에게 바로 그 사랑을 주셨습니다. 오늘도 거리에 나가 몇 개월을 기도하며 만든 전도지를 건네도 사람들은 더러운 것 보았다는 표정으로 매몰차게 돌아섭니다. 나야 그렇다손 치더라도 하나님은 뭔 이유로 그런 모멸을 받아야 할까요? 가만히 계셔도 하나님이시고, 정 마음에 들지 않는 사람이라면 벌주셔도 될 텐데, 하나님은 그래도 사랑한다고 사람을 사랑한다고 바보처럼 속절없이 자기의 사랑을 받아달라고 하십니다. 아니 그런 사랑을 받았다고 하는 그리스도인들 중에도 바로 그 사랑을 전하는 것이 속절없다고, 효과가 없다는 이유를 들먹이며, 사실은 자기 품위에 손상 가는 일 하고 싶지 않다 말하는데, 그런 사람도 사랑하는 자라고 바라보시니, 정말 하나님은 사람바보입니다.

그러한 사랑을 여기 있다고, 사람들을 위하여 자신의 아들을 화목제물로 보내셨다고 합니다. 단지 하나, 그 사람과 사랑의 교제를 나누고 싶어 하시고, 자기사랑으로 가득 찬 죄악으로부터 우리를 바로 그 사랑으로 이끌어 화해하시고 싶어 합니다. 잘못은 우리가 했지만 하나님은 바보 같은 그 사랑 때문에 자기를 희생하시면서 죽기까지 사랑을 주셨습니다. 그러나 우리는 하나뿐인 바로 그 사랑도 싫다 합니다. 지금도 사랑의 속삭임은 공허한 메아리가 되어 회색빛 거리를 뒹굴고, 바람이 불 때마다 그래도 사랑한다고 가슴 저미게 말씀하시고 계십니다.

오직 그 사랑의 속량을 받아들인 사람만이 그 사랑을 알 뿐입니다. 세상에서는 사랑하면 예뻐진다고 합니다. 신앙에서는 하나님과 사랑에 빠지면 우리가 행복해집니다. 그래서 베드로전서 1장 12절에서는 "천사들도 살펴보기를 원하는 것이니라."고 하지 않았을까요? 그래도 사람들은 교회 가는 사람들이나 전도하는 사람들을 향해 종교에 미쳤다고 표현합니다. 어쩌다 가족 가운데 누군가가 교회에 가겠다고 하면 "미치지만마." 말합니다. 숨은 말은 "나만 사랑해줘." 사랑을 찾아 갈구합니다. 바로 그 사랑이 오늘도 폄하되고 무가치한 것으로 여겨지기에 하나님과 사랑을 하게 되면 아름답고 멋있는 삶이 펼쳐지는 것을 보기도 힘들어진 때문일까요? 사람들이 더욱 냉랭해진 오늘입니다. 그렇게 추한 교인이 아니라 남들이 부러워할 만한 사랑을 하면 얼마나 좋을까요.

> "사랑은 여기 있으니 우리가 하나님을 사랑한 것이 아니요 하
> 나님이 우리를 사랑하사 우리 죄를 속하기 위하여 화목 제물
> 로 그 아들을 보내셨음이라." (요일 4:10)

하나님과의 사랑이 멸시받는 것은 내가 하나님을 사랑한 것이라 여기기 때문입니다. 내 사랑의 표현은 오직 하나님께서 나를 사랑하셨기에 가능해진 것입니다. 하나님께서 나를 사랑하시지 않으셨다면 나는 하나님을, 세상을 사랑할 방법을 바르게 찾지 못했을 것입니다. 왜냐하면 오직 나만의 사랑이 되어달라고, 나의 요구를 들어달라고만 했을 것이기 때문입니다. 그럴 때에만 사랑한다고 하기에 조건이 붙은 사랑은 조건의 여하에 따라 변할 뿐입니다. 하나님은 무조건, 정말 무조건 사랑하셨습니다.

서로 사랑합시다

아들은 아버지를 닮고 싶어 합니다. 나는 첫째 아이가 태어나기 전 길을 가다가 아기용품 가게에 걸린 티셔츠를 보았습니다. 아이 것과 부모 것이 커플 티처럼 만들어진 것을 보며 걸음을 멈추고 무조건 세 벌을 구입했습니다. 아이가 태어났지만 아이의 티셔츠는 걷기 시작해야 입을 수 있을 만큼 너무 커서 젖먹이에게는 포대기 같아 입힐 수 없었습니다.

그 후 미국으로 유학을 갔고, 어느 덧 아이가 걷기 시작했을 때, 그 옷을 입혀 주고, 아내와 나도 빨리 같은 티셔츠를 입고 아이에게 나와 우리는 한 가족이라고 하며 즐겁게 아이와 놀아 주려 했습니다. 하지만 아이는 처음엔 좋아하다가 갑자기 울기 시작했습니다. 달래고 달래다 이유를 물어보니 티에 그려진 표범 같은 동물이 우리와 자기 것이 다르다는 것이었습니다. 찬찬히 보니 아이 티는 작아서 그랬는지 표범에게 얼룩무늬가 없었고, 우리 티에만 무늬가 그려져 있었습니다. 아이는 부모와 같이 되고 싶어 하고 닮고 싶었는데 아니라는 것을 깨닫고는 서럽게 울기만 했습니다. 난감해진 나는 아이의 티셔츠 그림에 매직으로 점을 그려 넣었고, 그제야 아이는 눈물을 그치고 기뻐했습니다.

어린 것도 사랑하는 사람과 함께 되고 싶어 합니다. 흉내라도 내서 닮고 싶어 합니다. 아이가 나를 사랑해 주겠다고 우리를 사랑한 것이 아닙니다. 처음부터 함께 하고 사랑해 주고 모든 것을 나누는 우리를 따라 사랑하는 것입니다. 그것이 인간의 사랑입니다. 이후로 아이는 그 옷을 너무도 좋아했고 같이 그 옷을 입으면 어깨를 펴고 행복해 했습니다. 일종의 자부심을 느끼는 것도 같았습니다.

"소망이 우리를 부끄럽게 하지 아니함은 우리에게 주신 성령
으로 말미암아 하나님의 사랑이 우리 마음에 부은 바 됨이니"
(롬 5:5)

우리는 하나님의 사랑으로 인해 사랑하게 됨을 자랑하는 것이 마땅합
니다. 누가 뭐래도 우리 부모가 최고라고 여기는 어린아이의 심정이 바
로 그 사랑을 따르는 자들의 심정입니다. 매일같이 그 사랑을 보고 따를
수 있다면 우리의 신앙은 갈증이 아니라 행복의 길을 걷게 할 것입니다.

매일 만나는 사랑이라면

죽음의 문턱을 넘어선 나에게 아내는 간혹 나를 살리려다 뭉개진 자
기 손을 불쑥 내밀어 나의 가슴을 저미게 합니다. 물론 아내는 장난기로
하는 것인데도 나의 말문은 막히고 맙니다. 아내 손가락에 깊게 패인 상
처는 힘든 가정일로 인해 험해진 손에 더욱 마음 아프게 만든 흉터로 남
았습니다. 그 손가락의 상처를 볼 때마다 나는 아내의 사랑을 다시금 생
각합니다. 그리고 아내의 그 사랑이 나를 살게 했다고 말입니다. 이제는
손만 들어 보여도 아내는 나에게 하나뿐인 고귀한 사랑임을 더욱 절실히
느끼게 됩니다.

2,000년 전에 보이셨던 하나님의 바로 그 사랑도 오늘 나에게 보이는
사랑이라면 얼마나 좋을까요? 예수님의 십자가의 못자국과 옆구리의 상

처를 오늘도 볼 수 있다면 내 신앙은 살아있는 행복으로 가득할 것입니다, 도마처럼 만지지는 않더라도 말입니다. 예수님의 십자가와 그 상처가 오늘 나에게 다시 생생한 현실로 눈앞에 펼쳐진다면 나의 신앙은 화석화된 모습이 아니라 살아있는 사랑의 관계가 아닐까요? 이제는 그 십자가를 볼 수 없지만 그 사랑의 관계가 오늘 나에게 있다면 그 믿음은 오직 하나님의 하나뿐인 사랑 때문일 것입니다. 성경이 그것을 말씀하고 있기 때문입니다. 사랑하는 사람들은 잠시도 떨어져 있고 싶어 하지 않습니다. 그러나 떨어져 있어도 사랑하듯이 말입니다. 그 사랑을 매일 만날 수 있다면 얼마나 행복할까요? 그 사랑의 방법을 서로 사랑하라고 성경은 이르고 있습니다.

> "사랑하는 자들아 하나님이 이같이 우리를 사랑하셨은즉 우리
> 도 서로 사랑하는 것이 마땅하도다." (요일 4:11)

우리는 사랑을 말할 때 조심스러운 세상에 살고 있습니다. 어느 통계를 보면 거의 절반의 가정이 깨진다고 합니다. 또 아니라 하여도 사람들에게 보이고 싶지 않을 뿐 이미 무너진 가정들은 얼마나 많을까요? 성격 탓하고, 경제 탓하고, 여러 가지 이유를 들지만 분명한 것은 우리의 자기 사랑 때문에, 상대방에게 받고 싶은 것들 때문에 내가 먼저 손 내밀지 못했고, 내가 먼저 사랑하지 못했기 때문입니다. 오직 내 마음엔 손해 보았다는 상처만이 깊게 골이 패였습니다. 물론 찢어진 사람들이 다시 결합해야 한다는 것은 아닙니다. 하지만 바로 그 사랑을 받았다면 이제는 적어도 마음을 열어야 할 때입니다. 더 이상 원망과 괴로움, 그리고 자기가

만든 상처의 늪에서 헤매지 말고 헤쳐 나와야 합니다.

속으로 곪아 터진 가정이라면 이제는 사랑할 때입니다. 회복되어야 할 때입니다. 짧은 시간 세상에 살면서 미워하고 사는 것으로 끝나면 내 인생이 얼마나 서러울까요? 처음 만났을 때의 그 사랑의 심정을 오늘도 내일도 매일 만날 수 있다면 얼마나 행복할까요? 그것은 오직 그 사랑이 하나님으로부터 왔음을 믿고 받아들이는 자들에게 주어진 행복의 특권입니다. 오늘도 내 배우자도 자식도 부모도 사랑하지 못하는 사람들을 향해, 세상을 향해서도, 교회 내에서도, 자기의 가정에서도 사랑하라고 하나님의 바로 그 사랑이 은혜의 순종으로 초대합니다. 사랑함이 마땅합니다. 거리에 서서 말로만 외치는 사랑이 아니라 바로 그 사랑에 빠져 모든 이들과 함께 하는 행복이 되어야 합니다.

제 2장 사망을 이기는 사랑

누가 우리를 그리스도의 사랑에서 끊으리요,
환난이나 곤고나 박해나 기근이나
적신이나 위험이나 칼이랴.
기록된 바 우리가 종일 주를 위하여
죽임을 당하게 되며
도살당할 양 같이 여김을 받았나이다 함과 같으니라.
그러나 이 모든 일에
우리를 사랑하시는 이로 말미암아
우리가 넉넉히 이기느니라.
내가 확신하노니
사망이나 생명이나 천사들이나 권세자들이나
현재 일이나 장래 일이나 능력이나
높음이나 깊음이나
다른 어떤 피조물이라도
우리를 우리 주 그리스도 예수 안에 있는
하나님의 사랑에서 끊을 수 없으리라.
(롬 8:35~39)

점치는 사람들

언제부턴가 교회 집사님들도 점치러 가는 경우가 과반수를 넘어간다는 통계가 나왔고, 이제는 무감각해지고 있습니다. 옛날에는 점쟁이도 무당도 교회 다니는 사람, 집사님도 권사님도, 목사님도 아니더라도 교회 나가는 사람만 있어도 점을 칠 수 없다고 하던 시절이 있었는데 이제는 그런 이야기가 먼 옛날이야기로 전락하고 말았습니다. 이제는 점집 앞에 '카드 대환영'과 함께 '기독교인 대환영'이라는 푯말이 붙여지기도 한다고 전해집니다. 나아가 교회 내에서 예언의 은사라는 빌미로 개인의 흥복과 미래에 대해 점치는 행위가 침투해가고 있습니다.

어느 신령한 교회에서 있었던 일입니다. 한국에서 소문난 어느 점쟁이가 교회를 방문했는데 자신이 점칠 수 없는 관상을 가진 사람들로 교회에 가득 찬 것을 보고 놀라서 등록하고 예수님을 믿게 되었습니다. 예수 믿는 사람은 점괘도 소용없다고 깨달았기 때문입니다. 그 사람은 워낙 유명했던 분이라 그런 방면을 좋아하는 분들은 이름만 대면 금방 아는 사람이었습니다. 당시 그 분이 예수 믿게 되고 점을 치지 않는다고 신문에까지 나왔을 정도로 유명세를 탔던 분입니다. 그 사람은 그 자리에 올라가기까지 미국까지 원정도 다니며 신령하고 용하다는 사람들과 누가 모시는 신이 더 용한지 영적 대결을 벌이기도 했답니다. 그래서 그 분야에서는 일인자의 자리에 올랐던 분입니다.

그런데 문제는 그 다음에 있었습니다. 그 분이 교회를 나오게 되고 목사님은 그 분에 대해 말하지 않았지만, 교인들 사이에서 그분에 대한 소문이 아름아름 나기 시작했습니다. 그리고 얼마 지나자 집사님들이 그

분을 따라 다니는 것을 목사님이 알게 되었습니다. 한마디로 자기 점 좀 봐 달라, 자기 관상 봐 달라, 소리 소문 나지 않게 그분을 찾았던 것입니다. 결과는 당연하지요. 어쩔 수 없어 목사님은 그 분을 교회에서 떠나 달라고 했답니다.

이것이 90년대의 교회에서 일어난 촌극들 중의 하나입니다. 교회 다니고 예수 믿으면 운명도 비껴간다고 믿는 분들이 계신가 하면, 그래도 알고 싶다고 자기 팔자를 궁금해 하는 분들도 있습니다. 또 어느 목사님은 사람들을 분별하는 능력을 위해 관상책을 들여다보았다는 소문도 있었습니다. 그러니 교회 안에서 예언한다고 해도 전혀 이상하지 않습니다. 오히려 그렇게 해 준다는 것이 인기를 끌고, 그런 교회들에 사람들이 기웃거립니다. 그러한 행위가 특정 집단에서만 되는 것이라 여겼는데, 여러 교회를 넘어 기도원도 그 분야 전문이라고 선전하는 곳들도 생겨났습니다.

어느 교회의 은혜 많이 받으신 집사님 한 분은 모든 것을 하나님께 물으면서 살아간다고 말합니다. 삶과 관련된 모든 선택에서 아주 사소한 것도 묻는다고 합니다. 그리고 하나님이 결정해 주시는 그대로만 사신다고 자랑합니다. 그런데 매 순간 하나님의 결정을 듣는 방법이 동전 던지기라고 합니다. 앞면이면 예스, 뒷면이면 노라고 말입니다. 이 모든 것이 하나님의 사랑을 깊이 만나지 못해서 나오는 것입니다. 변함없는 하나님의 사랑에 대해 진정한 확신이 없기 때문입니다. 오직 나의 상황만이 보일 뿐이기 때문입니다.

어려움이 우리를 흔듭니다

경제개발의 시기에는 모두가 힘들고 어려운 생활을 했습니다. 눈앞에 놓인 굶주림만이라도 해결된다면 얼마나 좋을까 간절했던 시기였습니다. 그러면 오늘날은 넉넉할까요? 경제적으로 풍요로워졌다고는 하지만 갈수록 사람들에게 행복은 줄어들고 스트레스는 높아져갑니다. 젊은 이들조차 탈모니 성인병이니 암이니 각 종 위험 신호들이 감지되는 세상입니다. 이를 이기겠다고 요즘은 먹거리에 관심이 높아지고, 조금만 몸에 유익하다고 하면 엄청난 값을 지불하더라도 구해 먹고자 합니다. 치유 센터들도 한 몫 거듭니다.

힐링(healing)이라는 단어가 모두의 관심이 되었습니다. 그렇지 않아도 나는 잘 먹고 잘 산다는 사람들도 늘어나고 내 마음먹기 나름 아니냐고 여기며 하루를 보냅니다. 그런 이들에게 "예수 믿으세요."라고 말을 하거나 전도용품을 건네면 불결한 것을 보고 만났다는 듯이 찡그리며 불쾌해 합니다.

사도 바울이 로마교회에 보낸 편지에 다음과 같은 구절이 있습니다.

> "누가 우리를 그리스도의 사랑에서 끊으리요, 환난이나 곤고
> 나 박해나 기근이나 적신이나 위험이나 칼이랴." (롬 8:35)

그는 환란과 곤고와 박해와 기근과 적신과 위험과 칼을 우리 인생을 괴롭히고 신앙이 아니더라도 인생의 걸림돌이 되는 것을 열거합니다. 환란은 국어사전에 근심과 재앙이라고 나옵니다. 어려움으로 인한 근심거

리입니다. 인생을 살아가며 한 번도 고비가 없이 지낸 분도 계시지만 거의 모든 사람들이 사노라면 어려움에 직면합니다.

그러나 그 다음 곤고는 더 합니다. 곤고는 그 어려움이 지속되며 어찌할 바를 잊어버리고 망연자실해지는 것, 그것이 곤고입니다. 그런 경우가 닥치면 얼마나 마음에 고통이 따릅니까? 누구에게도 말 못하고 벙어리 냉가슴 앓듯 괴로워하고 몸부림치지만 해결될 가능성은 어디에서도 찾지 못합니다. 그러다보니 자살도 일어나고 욱하는 공격성이 발동하여 각종 파렴치한 범죄와 중범죄가 신문의 사회면을 어지럽힙니다.

이제 우리는 기근을 모릅니다. 그러나 아직도 길거리에는 굶는 사람들이 있고, 자기의 자존심으로 인해 말을 하지 못하고 있을 뿐 어려움에 처한 사람들도 있습니다. 가만히 돌아보면 노숙자들도 대다수가 자신들이 상상하지 못한 가운데 전락한 인생들입니다. 어제까지 멀쩡했던 대기업의 간부가 오늘은 길거리에 나 앉았습니다. 노숙자로 전락하면 다시금 평범한 사회생활로 돌아오기란 하늘의 별따기만큼 어려운 것이 냉정한 사회의 현실입니다.

적신은 발가벗김을 받았다는 말입니다. 영어로 'destitute'입니다. 어떤 보호도 받지 못하고 아무 것도 건지지 못하고, 다시는 회생불능의 상태에 빠져 거리에 나앉게 되는 것을 말합니다. 우리 누구도 그런 경우를 생각해 보지도 못하고 살고 있으며, 그런 경우를 맞은 사람도 자기가 그렇게 되리라 여긴 사람은 아무도 없습니다. 그러나 발가벗겨진 채 매몰찬 사회로부터 격리되는 자들도 생깁니다. 건강의 위험, 교통의 위험, 실업의 위험, 위험이라는 단어도 실제로 발생하기 전까지 우리는 그것이 일어나리라 여기는 사람은 사실 없습니다. 아무리 부정적인 사고의 사람들도 자기에게 위험이 실제로 일어난다고 여기는 자는 없습니다. 그러니 장래가 궁금하고 때론 불안해하기도 하고 점쟁이도 찾는 것 같습니다.

흉기나 전쟁으로 인해, 뉴스에 나오는 살인범을 만나 내가 희생된다는 경우도 우리에게 가깝게 느껴지지는 않습니다. 하지만 얼마 전을 기억해 보십시오. 연평도가 포격 받았을 때, 라면과 생수가 슈퍼에서 동납니다. 태풍이 몰아치니까 일본도 중국도 가게마다 생필품 사려는 사람들로 넘쳐났습니다.

그런데 말입니다. 박해를 생각해 보십시오. 한국에서는 예수 믿는다고 죽임을 당하지 않습니다. 단지 상종하기 싫다는 사람이나 욕하는 사람들을 만날 수는 있겠지요. 그러나 그것도 내가 사는 사회에서는 나에게 대놓고 그러는 사람을 만나지는 않습니다. 하지만 이슬람권에서는 아직도 죽음의 위협을 받고 실제로 죽는 자도 있습니다. 회교권 국가에서는 불타는 교회들이 있지만 믿음을 포기하지 않고 부흥합니다.

그것을 그러려니 할 수도 있겠지만 만약 내가 예수 믿어서 어렵게 되고 내가 예수 믿고 교회 나오는데 일마다 제대로 되는 것이 없다고 여겨진다면 자신에게 그 문제는 심각해지지 않겠습니까? 더 큰 문제는 교회에 나가도 하나님의 사랑을 만나지 못해서, 나에게 평안과 기쁨과 행복이 넘치고 감격이 넘치는 역사가 없어도 그러려니 합니다. 여기까지는 문제가 아닙니다. 내가 교회 나와도 은혜 받지 못하고, 내가 세상의 길을 걸어가도 그러려니 합니다. 나에게 문제가 있어도 그러려니 합니다. 회개도 사라지고 감격도 사라지고 예수님을 만나는 사람도 사라집니다.

그런데 보십시오. 사도 바울은 말씀합니다.

"사망아 너의 승리가 어디 있느냐? 사망아 네가 쏘는 것이 어디 있느냐? 사망이 쏘는 것은 죄요, 죄의 권능은 율법이라."
(고전 15:55, 56)

시편 38편에서 시편기자는 이러한 상황에 대해 다음과 같이 탄식합니다.

"주의 진노로 말미암아 내 살에 성한 곳이 없사오며 나의 죄로 말미암아 내 뼈에 평안함이 없나이다. 내 죄악이 내 머리에 넘쳐서 무거운 짐 같으니 내가 감당할 수 없나이다. 내 상처가 썩어 악취가 나오니 내가 우매한 까닭이로소이다. 내가 아프고 심히 구부러졌으며 종일토록 슬픔 중에 다니나이다. 내 허리에 열기가 가득하고 내 살에 성한 곳이 없나이다. 내가 피곤하고 심히 상하였으매 마음이 불안하여 신음하나이다. 주여 나의 모든 소원이 주 앞에 있사오며 나의 탄식이 주 앞에 감추이지 아니하나이다. 내 심장이 뛰고 내 기력이 쇠하여 내 눈의 빛도 나를 떠났나이다. 내가 사랑하는 자와 내 친구들이 내 상처를 멀리하고 내 친척들도 멀리 섰나이다. 내 생명을 찾는 자가 올무를 놓고 나를 해하려는 자가 괴악한 일을 말하여 종일토록 음모를 꾸미오나 나는 못 듣는 자 같이 듣지 아니하고 말 못하는 자 같이 입을 열지 아니하오니 나는 듣지 못하는 자 같아서 내 입에는 반박할 말이 없나이다." (시편 38:3~14)

죄는 우리에게 슬픔을 가져오고 탄식과 외톨이 인생, 곤고와 죽음을 부른다는 말입니다. 그러려니 하는 인생은 이것을 팔자라고 여깁니다. 많은 여성들이 내 딸만큼은 이렇게 살지 않기를 바라는 심정으로 삽니다. 또 많은 아버지들도 내 자식이 나처럼 되지 않기를 바랍니다. 하지만 그 나물에 그 비빔밥이 되고 마는 것, 그것이 인생이라고 그러려니 하겠습니까?

그러나 예수 믿는 사람은 팔자의 안이함에서 벗어나야 합니다. 아까 언급했던 점쟁이도 그렇게 말을 했답니다. 교회 다니고 예수 믿는 사람들은 팔자에서 벗어난 사람이라고, 사주팔자를 보아도 관상을 보아도 도저히 나올 수 없는 결과와 모습들이 보이는 것, 예수 믿는 사람의 모습이라고 말입니다. 이렇게 말하면서 서글픕니다. 사람들은 하나님 말씀이 아니라 세상의 사람들의 말이라고 하면 더 신뢰하니 말입니다. 그것은 우리가 죄를 타고 태어난 관계로 인해 우선 부정적인 시야와 언어를 가졌기 때문입니다.

"또 그들은 게으름을 익혀 집집으로 돌아다니고 게으를 뿐 아니라 쓸데없는 말을 하며 일을 만들며 마땅히 아니할 말을 하나니" (딤전 5:13)

우리에게서 떠나가야 하는 죄악들을 예수님 앞에 내려놓고 회개해야 합니다. 단순히 도덕적인 죄만이 아니라 바로 내가 죄 가운데 태어난 존재임을 인정하고 예수님 앞에 무릎 꿇어야 합니다. 이 부분에 있어서 우리 교회들은 도덕적인 것만을 나열하며 회개하라 했고, 이제는 회개라는 용어가 공허하게 흩어지는 판국입니다. 십자가는 사라지고 오직 나에게 찾아오는 즐거움, 즐길 수 있는 것들이 넘쳐나는 것을 그려봅니다. 그러나 십자가는 회개하는 자들에게는 능력이요, 세상에서는 미련한 것입니다. 십자가를 통해서만 우리는 진정한 행복을 맛볼 수 있습니다. 넉넉히 이기는 역사, 그것은 오직 십자가에 의지할 때 이루어집니다.

십자가의 사랑이 있습니다

사람들은 죄를 지어도 스스로 이유를 붙여 빠져듭니다. 잘못을 범해도 그 가운데 철퍼덕 주저앉아 그러려니 합니다. 아니 나아가 사람들은 하나님이 없다 합니다. 무조건 없다 합니다. 알아도 없다 합니다. 내가 마음에 찔림을 받아도 없다 합니다. 설령 하나님이 계신 것을 보았다 하더라도 없다고 하기 위해 몸부림칩니다. 교양 있다 하는 사람도, 난 그래도 가졌다 하는 사람도, 어느 누구라고 할 것 없이 모든 사람들이 다른 것으로도 얼마든지 하나님을 대신할 수 있다 합니다. 맹목적인 대적함으로 예수님을 거부합니다.

> "그러나 이는 그들의 율법에 기록된 바, 그들이 이유 없이 나를 미워하였다 한 말을 응하게 하려 함이라." (요 15:25)

예수님께서도 사람들이 아무 이유도 없이 그냥 예수님을 싫어한다고 말씀하셨습니다. 그런데도 예수님은 십자가를 지셨습니다. 그것을 몰라서가 아니라 그래도 우리를 사랑하신다고 십자가를 지셨습니다. 하지만 사람들은 비웃으며 말합니다. "예정되었다고 하시니, 내가 교회 나가도 아닐 수 있겠군요." 하면서 십자가를 비켜갈 궁리만 합니다. 성 아우구스티누스 이래로 예정은 믿는 자, 십자가 앞에 회개한 자들만이 자신이 예정되었다고 고백하는 용어이지만, 죄로 편향된 우리의 이성은 그렇기에 나는 아니라고 내버려 달라고 예정을 뒤집어 말합니다. 그래도 예수님은 십자가를 지셨습니다. 바로 그러한 나를 위해서 말입니다. 하나님의 사랑은 이토록 일방적인 짝사랑이 되어가고 있습니다.

죄인은 죄의 심각성을 인식하지 못합니다. 영원한 형벌의 심각성도 인정하지 못합니다. 하지만 우리는 오직 예수님 안에서 해결함을 받습니다.

> "우리는 그리스도 안에서 그의 은혜의 풍성함을 따라 그의 피로 말미암아 속량 곧 죄 사함을 받았느니라." (엡1:7)

바로 예수님의 사랑입니다. 사람은 상대방이 사랑스럽기 때문에 사랑합니다. 배우자를 향한 당신의 사랑을 생각해 보십시오. 사랑스러울 때에야, 사랑스럽게 할 때에만 사랑합니다. 젊은이들은 상대방이 귀여워야 좋다고 합니다. 그러나 예수님의 십자가의 사랑은 사랑스럽지 않아도 사랑하심입니다. 그것이 하나님의 사랑입니다. 단순한 감정의 기복이 아니라 사랑하겠노라고 작정하신 사랑입니다. 내 양심에 따라 믿는 것이 아니라 하나님의 무조건적인 사랑에 따라가는 것이 신앙입니다.

사도 바울은 이러한 세상을 향해 외칩니다.

"하나님의 어리석음이 사람보다 지혜롭고 하나님의 약하심이
사람보다 강하니라." (고전 1:25)

하나님의 어리석음은 그런 우리를 사랑하신다는 것입니다. 하나님의
약하심은 바로 그런 우리에게 사랑하시기 때문에 져주신다는 것입니다.
아무리 우리가 딴 생각과 다른 말을 하여도 자신의 사랑을 넘어서지 못
한다고 말입니다. 비웃고 이용하고 배반하고 돌아서도, 용서하시고 품으
시고 십자가로 자신의 사랑을 표현하셨습니다. 정말 하나님은 바보처럼
하나님을 이용만 하는 사람도, 무조건 싫다고 하는 사람도 똑같이 변함
없이 사랑하십니다.

그렇기 때문에 사도 바울처럼 하나님의 사랑에 감격하여 따르는 자들
은 이처럼 고백할 수 있습니다.

"누가 우리를 그리스도의 사랑에서 끊으리요 … 사망이나 생
명이나 천사들이나 권세자들이나 현재 일이나 장래 일이나 능
력이나 높음이나 깊음이나 다른 어떤 피조물이라도 우리를 우
리 주 그리스도 예수 안에 있는 하나님의 사랑에서 끊을 수 없
으리라." (롬 8:35~39)

끊어질 수 없는 사랑

"우리 주 예수 그리스도로 말미암아 우리에게 승리를 주시는 하나님께 감사하노니 그러므로 내 사랑하는 형제들아 견실하며 흔들리지 말고 항상 주의 일에 더욱 힘쓰는 자들이 되라 이는 너희 수고가 주 안에서 헛되지 않은 줄 앎이라." (고전 15:57~58)

어떤 것도 우리를 주의 사랑에서 끊을 수 없습니다. 하나님의 사람바보 같으신 그 사랑이 우리에게 승리를 주십니다. 오늘 나에게 흔들림이 있다면, 그것이 나의 죄로 인함이라면 회개하십시오. 나의 잘못된 행동과 습관들로 인함이라면 회개하십시오. "하나님, 내가 이런 죄인입니다. 용서하여 주십시오. 주님의 십자가에만 의지하겠습니다." 기도하십시오.

믿는데도 어렵습니까? 그것이 하나님의 사랑을 끊을 수 없습니다. 내가 사랑하는 것이라면 언제고 파탄이 찾아올 수 있겠지만 하나님의 약하심이 우리의 모든 것보다 강하시기 때문입니다. 나에게 구원을 주시기로 작정하신 하나님의 뜻과 때를 기대하며 나의 믿음을 지켜야 합니다. 성경에서 하나님의 성품을 가리켜 "미쁘다"고 합니다. 미쁘다는 말은 신실하다, 한결같다는 의미입니다. 그래서 사도 바울은 선언했습니다.

"미쁘다 이 말이여! 우리가 주와 함께 죽었으면 또한 함께 살 것이요." (딤후 2:11)

십자가 앞에 우쭐대던 내가 죽으면 하나님의 사랑하심이 나를 건지실 것입니다. 너무나 풍요롭기에 아무 불편이나 필요도 느끼지 못한다는 나조차도, 때로는 견딜 수 없는 환란과 곤고와 기근과 적신과 위험과 폭력이 나를 옭아맬지라도 하나님의 사랑하심은 미쁘시기에 우리가 쓰러질 수 없습니다. 막연한 두려움과 불안에 떨며 앞날을 알고 싶어 하는 사람들에게도 하나님은 따뜻하고 강한 팔로 안아 주시며 내가 너를 사랑한다고 말씀하십니다.

십자가가 없는 교회?

그런데 나의 교회는 십자가 탑이 없습니다. 어느 날이었습니다. 교회 온수기가 고장 나서 A/S 기사를 불렀습니다. 그는 저녁에 퇴근하는 길에 들려 수리하겠노라고 했고, 나는 교회에서 기도하며 있었습니다. 불연 듯 시계를 보니 오기로 약속한 시간이 45분이나 훌쩍 넘었습니다. 무슨 일인가 싶어 A/S 기사에게 전화하니 주차장이라며 올라간다고 하기에 기다렸습니다. 교회에 들어선 A/S 기사는 나에게 느닷없이 퉁명스럽게 말했습니다. "무슨 교회가 십자가도 없어요?" 그는 주소를 받고 찾아오면서 건물 꼭대기에 있을 십자가를 확인하다 교회를 찾지 못했기 때문입니다. 처음 개척을 하면서 건물 주인은 십자가를 달아도 좋다고 했습니다. 또 인테리어 가게 사장님도 십자가 탑을 세우라고 조언했습니다. 그러나 나의 대답은 한결 같습니다. 십자가 탑을 세우지 않겠습니다.

교회 전단지를 제작하면서도 첫 마디가 십자가 탑이 없는 교회입니다. 그리고 전도지에 이렇게 썼습니다. "우리 교회는 십자가 탑을 세우지 않겠습니다. 대신에 성도들의 가슴에 십자가가 서도록, 교회에 오는 사람들의 마음에 십자가가 새겨지도록 하겠습니다. 주님의 십자가는 나를 향한 하나님의 사랑이며, 생명의 능력입니다. 우리가 아직 죄인 되었을 때에 그리스도께서 우리를 위하여 죽으심으로 하나님께서 우리에 대한 자기의 사랑을 확증하셨느니라.(롬 5:8)"

교회 본당에는 십자가를 만들며 양각이 아닌 음각의 십자가로 장식했습니다. 공사가 미처 마치기 전 주일날, 교회를 찾은 사람들 가운데 한 어린이가 소리쳤습니다. "어? 이 교회는 십자가가 없네!" 음각의 십자가를 채우는 것은 오직 조명뿐인데 조명이 설치되지 않았기 때문입니다. 나는 그 십자가를 뻥 뚫린 십자가라고 부릅니다. 주고, 주고, 또 주고,

자신의 사랑을 주셨건만 사람들은 부족하다 말하고 원망하고, 어리석다고 조롱하여도, 이미 모든 것을 주었노라고, 그리고 사랑한다고 말씀하시지만 아무도 찾으려 하지 않는 세상을 향한 십자가입니다. 십자가가 어디 있냐고 모르겠다고 소리쳐도 자기의 사랑을 확증하시며, 우리를 부르시는 하나님, 당신의 심정은 이미 헤어지고 뻥 뚫렸건만 우리는 자기의 요구들만을 십자가에 구할 뿐입니다.

그러나 십자가에 내가 죽고, 내가 없어지면, 십자가는 환하게 빛날 것입니다. 오늘도 거리의 사람들은 십자가가 없어도 살만하다고 말하며, 오늘도 어떤 사람들은 자기의 부족한 욕망을 채워달라고 십자가를 찾습니다. 주님만 있으면, 십자가만 있으면 행복하고 기쁨이 넘치는 사람들은 찾기 어려워집니다. 어릴 때에는 엄마 아빠가 옆에만 있어도 좋다고 했지만, 나이가 들수록 덤덤해지고 귀찮아하는 어느 자식들처럼 우리는 살만하다고 십자가의 하나님을 떠나려 합니다. 그럼에도 불구하고 사람 바보처럼 우리를 돌보시는 하나님을 나는 바라봅니다. 하나님을 찾지 않는 세상에 빛으로 오신 예수님, 우리를 위하여 죽기까지 자신의 사랑을 보여 주신 예수님을 바라봅니다. 그 예수님을 만나고, 그 사랑에 따라 빛이 되는 신자들이 모이는 교회, 오는 자들마다 사망을 이기고 사랑에 촉촉이 적셔지는 그런 교회를 꿈꾸면서 말입니다.

제 3장 하나님께서 목자 되십니다

내가 그것들을 만민 가운데에서 끌어내며
여러 백성 가운데에서 모아 그 본토로 데리고 가서
이스라엘 산 위에와 시냇가에와
그 땅 모든 거주지에서 먹이되 좋은 꼴을 먹이고
그 우리를 이스라엘 높은 산에 두리니
그것들이 그 곳에 있는 좋은 우리에 누워 있으며
이스라엘 산에서 살진 꼴을 먹으리라.
내가 친히 내 양의 목자가 되어
그것들을 누워 있게 할지라 주 여호와의 말씀이니라.
그 잃어버린 자를 내가 찾으며 쫓기는 자를
내가 돌아오게 하며
상한 자를 내가 싸매 주며 병든 자를 내가 강하게 하려니와
살진 자와 강한 자는 내가 없애고 정의대로
그것들을 먹이리라.
주 여호와께서 이같이 말씀하셨느니라.
나의 양 떼 너희여 내가 양과 양 사이와
숫양과 숫염소 사이에서 심판하노라.
(겔 34:13~17)

상처가 넘치는 무서운 세상

우리나라 사람들은 어떤 일에서든지 기가 막히게 잘 해내는 경향이 있습니다. 2012년 런던 올림픽만 봐도 경이롭게 선전하는 것을 보면서 대단하다는 생각이 듭니다. 특히 남자축구 마지막 경기준결승에서 주장 구자철 선수가 주심이 반칙을 불자 달려가 "Why?"만 연발하고, 옆에 와 시비를 거는 일본 선수에게 눈을 부라리며 말하는 모습을 보면 죽기를 각오한 사람 같았습니다. 독립유공자의 자손이라 그러기도 하겠지만 그 선수만이 아니라 사실 우리나라 선수들은 죽기 살기로 싸우듯이 하는 것을 보았습니다. 그러니 좋은 성적은 당연하지요.

그런데 선수만이 아닙니다. 우리는 모두가 죽기 살기로 세상을 사는 것 같아 보입니다. 모두가 눈에 쌍심지를 켜고 세상을 삽니다. 잘하면 잘한 만큼 자기에게 칭찬과 알아 주기를 바랍니다. 못 해도 내가 뭘 잘못했냐고 목소리를 높입니다. 언제까지 그렇게 살아야 하는지 모릅니다. 무조건입니다. '사랑도 무조건 무조건이야.' 그런 인생살이다 보니 많은 이들이 상처를 가지고 살아갑니다. 잘한 만큼 남이 알아 주지 못해도 상처입니다. 못해서 알아 주지 못해도 상처입니다. 자기 맘에 맞지 않아도 상처입니다. 선과 악을 떠나서, 그리고 하고 안 하고를 떠나 모든 것에 상처가 난무합니다. 또 그 상처가 한 번이거나, '어쩌다'라면 모르겠는데 인생 전반을 좌우하는 중요한 곳에서 받은 것이라면 누구도 감당하기 어렵습니다.

말기 암 판정을 받은 한 노인이 있었습니다. 노인은 충격을 받고 얼마 남지 않은 자신의 삶을 비관하며 매우 난폭하게 행동하기 시작했습니다.

가족이나 주위 사람에게 심한 욕설을 퍼붓는가 하면, 사소한 일에도 마구 트집을 잡았습니다. 노인의 이런 태도로 인해 사람들은 조금씩 그의 주변에서 사라져 갔습니다.

어느 날 어린 손자가 할아버지가 편찮으시다는 소식을 듣고 부모와 함께 병원을 찾았습니다. 그런데 아들 내외가 의사 선생님을 만나기 위해 잠시 비운 30분 동안 손자가 병실을 지킨 이후, 노인의 모습이 확연히 달라지기 시작했습니다. 말투는 부드러워지고, 사람들에게 친절하게 대했습니다. 그의 모습에 놀란 자식들은 아이에게 물어봤습니다. "애야, 도대체 할아버지에게 어떤 이야기를 했기에 할아버지의 태도가 바뀐 것이니?" 아이는 대답했습니다. "저는 아무 이야기도 하지 않았어요. 저는 단지 할아버지가 너무 안쓰러워서 할아버지와 함께 울었을 뿐이에요."

손자가 할아버지의 고통을 자신의 고통으로 느끼면서 함께 눈물을 흘리는 순간, 죽음에 임박한 할아버지의 아픔이 치유된 것입니다. 이처럼 다른 사람의 아픔을 함께 나누고 느끼는 공감에는 놀라운 치유의 능력이 있습니다. 잠 못 자고 뒤척이는 아이에게 엄마의 손길이 가만히 등을 두드려 주면 아이가 편안히 자는 것은 사랑의 공감이 교류되기 때문 아닙니까?

어디서 힐링을 찾을까?

세상에서는 상처를 치유하는 힐링에 대해 여기저기서 독특한 방법들을 자랑합니다. 심리치유, 약물치유, 상담치유, 음악치유, 그림치유, 시치유, 자연치유 등 치료가 아니라 치유라 하면서 각자 자기만의 방법에 대해 말합니다. 이제는 대중매체조차도 힐링이 대세인 것 같습니다. 그러나 어느 치유도 그 결과에 대해 같이 동고동락하거나 책임지지는 않습니다. 대가를 지불한 만큼만 치유 행위를 합니다. 그러니 내가 찾는 치유는 자기의 능력을 벗어나면 찾아오지 않는 파랑새이기도 합니다. 자연으로 돌아가 집을 짓거나 수리해 살려고 해도, 모든 것을 잊고 자연에 귀의하여 살려고 해도 기본적인 경비가 발생하니 어쩌면 돈이 힐링의 문제가 아닐까요?

또 어떤 면에서 종교도 그러한 힐링의 범주에 들어갑니다. 많은 이들이 종교에 귀의하여 자기의 만족을 추구하기도 합니다. 그런데 에스겔 선지자가 종교에 귀의해도 함께 나누고 느끼는 공감이 없는 종교인에 의해 유리하고 아파하는 사람들에 대해 말씀하는 것을 발견하게 되었습니다.

> "주 여호와께서 이같이 말씀하시되 내가 목자들을 대적하여 내 양 떼를 그들의 손에서 찾으리니 목자들이 양을 먹이지 못할 뿐 아니라 그들이 다시는 자기도 먹이지 못할지라. 내가 내 양을 그들의 입에서 건져내어서 다시는 그 먹이가 되지 아니하게 하리라. 주 여호와께서 이같이 말씀하셨느니라. 나 곧 내가 내 양을 찾고 찾되 목자가 양 가운데에 있는 날에 양이 흩어졌으면 그 떼를 찾는 것 같이 내가 내 양을 찾아서 흐리고 캄캄한 날에 그 흩어진 모든 곳에서 그것들을 건져낼지라."
> (겔 34:10~12)

특별히 마지막에 "흐리고 캄캄한 날에 그 흩어진 모든 곳에서 그것들을 건지리라."고 말씀합니다. 모두가 자신의 문제로 인해 상처받고 상처 주고 힘들고 지치고 낙심하여 앞을 분간하기조차 어려운 흐리고 캄캄한 날에 이르렀습니다. 더욱이 목자들이 양을 먹이지도 못하고 오히려 먹이감으로 삼는 어둡고 흐린 날이었습니다. 오늘날 경제가 좋아질수록, 사회가 발달할수록 사람들은 하나님을 떠납니다. 그럼에도 불구하고 우리나라에는 수많은 종교들이 갈수록 늘어나고 있고, 여기저기서 이단과 유사종교가 행세합니다. 또 어떤 이들은 교회를 향해서도 자신이 상처받았다고 호소하거나 비판합니다. 그것을 듣고 어떤 이들은 죽기 살기로 교회를 비난하고 욕을 합니다. 자기는 바른 교회에서 올바른 신앙생활을 한다는 사람들도 침묵 외에는 별 수 없어 보입니다. 모든 것이 어둡고 흐린 날일뿐입니다.

성경으로 돌아가 유대 땅에서 많은 제사장들이 있었습니다. 어느 구약 학자에 따르면 이스라엘에 제사장이 대략 1만여 명이 넘게 있었다고 합니다. 그들 가운데 예루살렘 성소에 들어가 지성소에서 하나님을 예배하고, 경배할 수 있는 대제사장은 단지 1명입니다. 게다가 평생직으로 주어지는 직책이었기에 대부분의 제사장들은 죽기 살기로 해도 현재의 대제사장이 살아 있는 한 자신이 예루살렘 성전에서 제사를 인도할 가능성은 없었습니다. 어쩌면 그래서였는지 몰라도 그들은 자기 살 길을 찾기에 급급했을지도 모릅니다. 누군가 죽기만을 기다렸는지도 모릅니다. 또 어떤 이는 대제사장이 되기 위해, 출세하기 위해 몰두한 삶을 살았는지도 모릅니다. 신약에서 사울도 출세를 위하여 물불 가리지 않고 과잉충성과 열심을 취하여 자기의 종교적 열정을 과시하지 않았습니까?

다시 구약시대로 돌아가 많은 이들이 하나님만을 찾고 말씀을 가까이 하고 올바른 신자의 길을 찾기보다는 형식상의 제사와 매뉴얼에 따른 집례, 그것으로 신앙을 대신했습니다. 마치 오늘날 여느 교회처럼 시간이 되면 모여 예배하고 시간이 지나면 돌아가고 매일 하는 일이니 그냥 해도 입을 열어 얼마든지 할 수 있다 여겼는지도 모릅니다. 준비 없는 예배, 간절한 사모함이 사라진 예배, 그곳에 하나님은 계시지 않았고 참석한 양들은 상처가 깊어만 갔습니다. 그러다 보니 양들은 유리하기 시작했습니다. 예레미야 선지자도 이렇게 탄식했습니다.

> "내 백성은 잃어버린 양 떼로다. 그 목자들이 그들을 곁길로
> 가게 하여 산으로 돌이키게 하였으므로 그들이 산에서 언덕으
> 로 돌아다니며 쉴 곳을 잊었도다." (렘 50:6)

　이러한 자들에게 하나님은 에스겔 선지자를 통하여 힐링의 메시지를 던지셨습니다.

> "내가 그것들을 만민 가운데에서 끌어내며 여러 백성 가운데
> 에서 모아 그 본토로 데리고 가서 이스라엘 산 위에와 시냇가
> 에와 그 땅 모든 거주지에서 먹이되 좋은 꼴을 먹이고 그 우리
> 를 이스라엘 높은 산에 두리니 그것들이 그 곳에 있는 좋은 우
> 리에 누워 있으며 이스라엘 산에서 살진 꼴을 먹으리라. 내가
> 친히 내 양의 목자가 되어 그것들을 누워 있게 할지라. 주 여
> 호와의 말씀이니라. 그 잃어버린 자를 내가 찾으며 쫓기는 자

를 내가 돌아오게 하며 상한 자를 내가 싸매 주며 병든 자를 내가 강하게 하려니와 살진 자와 강한 자는 내가 없애고 정의 대로 그것들을 먹이리라." (겔 34:13~16)

그래서 예수님께서도 이 땅에 오셔서 동일한 내용의 선언을 더욱 짧고 강하게 돌직구를 던지셨습니다.

"인자가 온 것은 잃어버린 자를 찾아 구원하려 함이니라." (눅 19:10)

내가 지치고 힘들 때, 나를 치유하시고, 돌보시고, 나와 함께 하시는 분은 누구인가요? 그 분이 예수님이라고 고백한다면 친히 우리를 인도하시고 좋은 것으로 먹고 쉬게 하신다고 선언하신 예수님의 약속을 믿어야 합니다. 단지 마음의 힐링이 아니라 상처를 주는 모든 문제들까지 정리해 주신다고 하는 그 분에게서 힐링을 찾아야 하지 않을까요?

하나님이 고치십니다

그러면 어떻게 하신다는 말씀입니까? 16절은 말씀합니다.

"그 잃어버린 자를 내가 찾으며 쫓기는 자를 내가 돌아오게 하

며 상한 자를 내가 싸매 주며 병든 자를 내가 강하게 하려니
와..."

잃어버린 나를 찾으시는 하나님, 교회를 떠나고 세상을 방황하는 나, 교회에 나와도 간절함이 사라지고 사모함이 식은 나, 바로 그런 나를 찾으시는 하나님이십니다. 나는 바르게 믿기 때문에 그렇지 못한 사람은 용서하지 못한다는 교인들을 찾으시는 하나님이십니다. 오늘 이 순간에도 아무리 좋은 소리라 하여도 교회에서 전한다면 인상을 찡그리고 돌아서고, 개척교회에서 전도지를 주면 거절하고 바삐 걸어가는 바로 그 사람을 위하여 찾으시고 고치신다고 하십니다.

그리고 바쁜 세상에 쫓기고 누군가에 의해 내몰리는 삶을 살며 허덕이고 슬픈 나를 찾아주시는 하나님, 설령 죄를 짓고 숨어 지내며 쫓길지라도 부르시고 찾아오시는 하나님, 바로 나를 부르시고 인도하시는 하나님이십니다. 사람들 보기에는 화려해 보일지 몰라도 속으로 타 들어가는 내 가슴을 위로하시며 찾아오시는 하나님이십니다. 세상에서 아무런 소망도 없고, 만족도 없고, 아무도 나를 알아 주지도 않고, 찾아오지도 않을 때, 병들어 서글픈 인생길을 차가운 병상에서 보내게 되어도 주님께서는 나와 함께 하신단 말입니다. 왜 그럴까요? 사랑하시기 때문입니다. 그 옛날 죽기까지 사랑하시고, 오늘도 또 찾으시며 다니시는 하나님, 거절당하시고, 비웃음을 받아도 묵묵히 사랑한다고 찾으시는 하나님, 그 하나님은 사람바보입니다. 사람들은 하나님을 싫다 하고 등을 돌려도 모든 것을 주시고도 또 주시고자 다가서시니 말입니다. 그래서 그 사랑에 감격한 사도 요한은 말했습니다.

"하나님이 우리를 사랑하시는 사랑을 우리가 알고 믿었노니
하나님은 사랑이시라 사랑 안에 거하는 자는 하나님 안에 거
하고 하나님도 그의 안에 거하시느니라." (요일 4:16)

통회하며 용서하는 자의 하나님

느헤미야는 유대 땅의 황폐함과 무너진 성전의 소식을 접했을 때, 무
너지는 가슴을 안고 슬픔 가운데 기도했습니다. 마치 나의 교회가 있는
이 동네가 목회자들 사이에서는 개척교회의 무덤이라고 소문난 것처럼
말입니다. 조금만 나가도 큰 교회들이 있지만 하나님을 믿는 이들은 적
고, 그 교회들의 전도 대상에서도 이상하리만치 멀어진 변방의 지역, 10
년이 지나도 처음과 변화가 없는 교회들, 이곳에 온 지, 1년 반 만에 앞
의 교회는 벌써 세 번째 다른 교회로 바뀌는 것을 보며 느헤미야처럼 기
도할 수밖에 없는 심정으로 말씀을 보게 됩니다.

"만일 내게로 돌아와 내 계명을 지켜 행하면 너희 쫓긴 자가
하늘 끝에 있을지라도 내가 거기서부터 그들을 모아 내 이름
을 두려고 택한 곳에 돌아오게 하리라 하신 말씀을 이제 청하
건대 기억하옵소서." (느 1:9)

느헤미야가 거하던 당시 세계 최고의 대도시로부터 멀리 떨어진 변방

을 향해 하나님은 모든 화려함이 아니라 낮고 슬픈 자리에 찾아가시겠다고 하셨습니다. 바로 약속하신 하나님, 축복하겠다고 하신 곳으로 돌아오게 하겠다고 하신 하나님, 나를 부르시는 하나님, 나를 인도하시는 하나님, 그분을 느헤미야는 기도와 믿음으로 찾았다는 말입니다. 지금 이 순간에도 말씀을 보면서 '그러겠어?' 하는 것이 아니라, 말씀에 의지하여 하나님께 부르짖고 찾기를 소원하시는 하나님이십니다. 그러면 치유하시겠다고 약속하십니다.

어느 순간, 어느 시간이 하나님 없어도 살 수 있는 시간입니까? 단지 하나 뿐입니다. 죄 지을 때입니다. 하나님께 의지하지 않고 바르게 기쁘게 좋은 것을 먹으며, 행복한 휴식 가운데 살 수 있는 삶이 우리에게 있을까요? 편안한 쉼이 없고 각박한 세상에서 나와 내 가족, 그리고 돈뿐이 없다고 분주한 당신 아닌가요? 그럴 때 멈추고 서서 어느 한 순간도 놓치고 싶지 않은 하나님을 찾는 느헤미야의 심정으로 하나님과 그분의 사랑하심과 치유와 평화를 간구하고 찾아야 합니다.

내 상처, 나에게 상처를 입힌 자가 치료해 주지 못합니다. 그럴 수 있으면 상처이겠습니까? 육신도 깊은 상처는 평생을 갑니다. 영화 「조스」에서 주인공 남자들이 거대한 상어를 기다리며 상어로 인해 받은 상처들을 내밀고 훈장처럼 여기는 장면이 나옵니다. 무엇엔가 도전하고, 도전하고 있을 때에는 상처도 자랑거리겠지만, 감수하지도 못하고 생각지도 못했고, 믿고 의지했던 것으로부터 받은 상처는 평생 고통으로 가는 것이 아닙니까? 그러나 상처받은 자를 부르시는 하나님, 바로 그 분을 찾을 때에 나음이 있습니다. 시편은 말씀합니다.

"여호와는 마음이 상한 자를 가까이 하시고 충심으로 통회하
는 자를 구원하시는도다."(시34:18)

상처로 인해 병들고 시름거리고 소망도 희망도 없이 가슴 속을 치며
울음으로 밤을 적시는 이에게 하나님께서 함께 하신다고 약속하십니다.
이 시편의 구절은 마음이 상한 자를 가까이 하시고 충심으로 통회하는
자를 구원하신다고 합니다. 마음이 상한 사람을 가까이 하시는데 거기에
서 나음을 입으려면 통회하라고 하십니다. 통곡하며 회개하라고 말입니
다. 아니, 생각해 보십시오. 내가 상처 받은 것도 억울해서 짓눌리는데
'회개라니요? 앓느니 죽죠. 불난 집에 부채질입니까? 하나님도 참 너무
하시네요. 내가 찾던 분이 아닌가봐...'라고 할 수 있습니다.
　그런데 에스겔 선지자의 34장 17절을 보았습니다.

"주 여호와께서 이같이 말씀하셨느니라. 나의 양 떼 너희여
내가 양과 양 사이와 숫양과 숫염소 사이에서 심판하노라."
(겔 34:17)

양과 양 사이에서 숫양과 숫염소 사이에서 심판하신단 말입니다. 누
구를 심판하시나요? 나에게 상처 준 사람? 바른 길로 인도하지 못한 종
교 지도자? 내 인생에 피눈물을 안긴 그 인물? 오늘도 인터넷에 온갖 비
웃음과 냉소로 쓰게 되는 이상한 종교인들? 맞습니다. 그런데 같은 장
18절을 좀 더 보십시오. 왜 그런 사람들이 살진 양, 강한 양, 숫염소로
나옵니까? 그리고 만약 내가 그런 모습으로 있다면 나와 심판하신다는

사람들과 무슨 차이가 있냐는 말입니다. 18절을 함께 봅니다.

> "너희가 좋은 꼴을 먹는 것을 작은 일로 여기느냐? 어찌하여
> 남은 꼴을 발로 밟았느냐? 너희가 맑은 물을 마시는 것을 작
> 은 일로 여기느냐? 어찌하여 남은 물을 발로 더럽혔느냐?"

네 가지를 언급하지요? 꼴에 대하여 두 가지, 만족 못하거나 남의 것을 짓밟는 사람, 그리고 물에 대하여 만족 못 하거나 남의 물을 더럽히는 사람입니다. 쉽게 말해 네 가지를 가진 사람, 그 중에 하나라도 있는 사람을 심판하신다고 말씀하는 것입니다. 그래서 네 가지가 없는 사람이 되어야 한단 말입니다. 좀 더 생각해 보면 후반부는 전반부에 대해 서로 어울리도록 이어지는 구절과 양식이기에 실제로는 두 가지를 말씀한다고 할 수 있습니다.

그 첫째가 무엇입니까? 좋은 꼴과 맑은 물 먹는 것을 작은 일로 여긴단 말입니다. 다시 말해 주어진 것에 감사하지 못하는 사람에게 하시는 경고입니다. 세상을 살면서 우리의 삶에는 얼마나 좋은 것만을 입에 달고 삽니까? 우리의 생각에는 무엇으로 가득 차 있나요? 나에게 만족해 보신 적은 언제인가요? 나에게 주어진 오늘의 현실이 감사한 적은 얼마나 되나요? 아니 너무 만족해서 공기의 소중함처럼 잊고 사시지는 않나요? 내가 신학생 시절이었습니다. 어느 날 금식기도를 하기로 작정하고 생각하다 아예 금언까지 실천해야겠다 싶어서 금언으로 금식기도를 했습니다. 수업에 들어가도 목에 "금언, 금식 기도중입니다." 팻말을 걸고 있었고, 시간만 나면 기도실을 찾았습니다. 학생들도 교수님들도 신기

한 눈으로 나를 보고 배려해 주었습니다. 그러니 누가 보더라도 참으로 대단하다 싶을 것 같은데 나는 끝나는 순간 다시 한 번 회개했습니다. 왜 그랬을까요? 기도가 끝나는 순간 나는 무슨 말부터 하고 싶었을까요? 기숙사에서 같은 방을 쓰는 동료에게 이런 말도 하고 싶었습니다. "야 끝났다. 전도사님, 나 이제 말할 수 있어요. 우리 밥 먹으로 가요." 또 기타 등등 하고 싶은 말들이 있었습니다.

그런데 갑자기 내 입술이 그 동안 어떤 말을 담고 살아 왔는지, 그리고 기도를 마치며 내 입술을 열어 무엇부터 찾아야 하는지 깨달음을 물밀 듯이 성령께서 주시며 임하기 시작했습니다. 기도가 끝나자 나는 눈물만 흘렸습니다. 그리고 입술을 열어 "감사합니다. 감사합니다, 주님 감사합니다." 그 말만을 할 수밖에 없었습니다. 하나님 안에 있는 사람에게는 모든 것이 감사이기 때문입니다. 아무리 금식을 하고 금언을 해도 깨우치지 못하는 내 영혼에 감동을 주셨기 때문입니다. 감사하지 못하는 것, 내가 하나님 안에 있지 못함이요, 성령 충만 받지 못함입니다.

상처는 그렇습니다. 궁극적으로는 내가 용서해야만 풀리는 문제입니다. 용서하지 못하는 한 상처는 치유되지 못합니다. 바보라도 좋다고 나를 사랑하시는 하나님을 만나면 감사하지 않을 수 있을까요? 그리고 감사하는데 용서하지 못할까요? 감사하면 용서하지 못 할 일이 있을까요? 하나님께서 상처받은 자를 부르실 때에는 낮게 하시고 싸매시는 역사가 함께 하시지만, 먼저 용서하라 하십니다. 그것이 내가 하는 것 같지만, 에스겔 선지자의 말씀을 다시 보십시오. 하나님께서 목자 되시겠다고 약속하셨습니다. 내 능력으로는 할 수 없지만 목자 되신 하나님께 의지하고 주님의 십자가에 의지하는 자에게는 용서할 수 있는 능력이 함께 합니다. 일흔 번에 일곱 번이라도 용서할 수 있는 능력, 나를 용서하시고 또 용서하시는 주님의 십자가의 능력으로만 가능합니다. 그런 자에게는 일흔 번에 일곱 번이라도 감사할 수 있는 능력이 너울거리게 됩니다.

감사하지 못할 때에는 사실 내가 갈급함이 있기 때문이고, 그것이 세상의 갈급함 아닌가요? 상처는 세상에 목매인 나를 보여 주는 또 하나의 단면입니다. 넉넉히 이기고 남음의 역사는 하나님을 의지하는 이에게 있습니다. 내가 영적으로 막히는 것은 용서하지 못하기 때문이요, 나에게 어렵고 흐리고 캄캄한 날이 지속되는 것은 용서하지 못하기 때문입니다. 감사하지 못하기 때문입니다. 죽기 살기로 사는 세상이 아니라 하나님 안에 감사하고 용서하는 삶을 살아야 합니다. 그렇게 못했다면 하나님께 지금이라도 조용히 무릎 꿇어야 합니다. 내 가슴을 치며 정직히 기도해야 합니다.

둘째로, 남의 꼴과 물을 발로 더럽히는 것입니다. 남이 잘 되는 꼴을 못 본다고 하죠. 남에게 어떻게 해서든지 해를 주거나 남을 밟고 일어서야 내가 성공한 것이라고 여기는 사람, 하나님께서 치십니다. 내 자존심과 명예와 지위와 가진 것을 위해서는 남이 무너져야 한다는 사람, 남이 나를 받들고 알아 주어야 한다는 사람, 아무리 높은 지위, 존경받는 종교의 지도자가 되어도 하나님께서는 그를 심판하실 뿐입니다. 감사하지 못하고 그래서 용서하지도 못하고 남을 짓밟아야 직성이 풀리는 사람, 그러한 길에 있으면 하나님이 부르시는 자리, 좋은 꼴로 먹이고 쉬게 하시는 자리에 들지 못합니다. 양이 아니기 때문입니다.

언젠가 텔레비전에서 양에 대한 이야기가 나왔습니다. 양은 연약한 초식동물이며 육식동물의 타깃이기에 본능적으로 의심이 많고 자기보호

성향이 강한 짐승이랍니다. 그래서 어지간히 안전하다고 느끼지 않는 한 절대로 눕지 않는다고 합니다. 좋은 꼴을 먹이시고 좋은 우리에 눕게 하신다는 에스겔을 통한 약속은 양의 입장에서는 받아들이기 쉬운 일은 아닙니다. 아무리 여기가 좋은 것이라고 설명해 주어도 양은 본능에 따라갑니다. 자기의 눈에 보이는 상황이 좋은 것으로 인정되어야 따라온다는 것입니다. 자기 갈 길로만 다니는 양에게 친히 목자가 되어주시겠다는 약속, 살진 꼴을 먹이시겠다는 약속, 아무나 할 수 있는 약속은 결코 아닙니다.

> "여호와는 나의 목자시니 내게 부족함이 없으리로다. 그가 나
> 를 푸른 풀밭에 누이시며 쉴 만한 물 가로 인도하시는도다."
> (시 23:1~2)

이런 고백이 양에게서 나오기까지 하나님은 얼마나 힘드셨을까요? 나에게 필요한 것은 저것이라고 주장하고 이끄시는 대로 가려고 하지 않으니 얼마나 속상하셨을까요? 거기에다가 에스겔 선지자의 글에 나오는 것처럼 맡겨도 제대로 인도하지 않고 곁길로 가게 하는 목자들로 인해 또 얼마나 가슴 아파하셨을까요? 그리고 우리는 오늘도 안정되지 않았다고 불평하고, 저것을 달라고 그래야만 안전하다고 여기고 누울 수 있다고 고집 부리는 기도를 하고 있지는 않나요? 목자 되신 하나님은 그런 우리를 안심시키고 인도하시기 위해 거절 못하시고 들어주셔야만 했던 일들은 또 얼마나 될까요? 그렇기 때문에 그것을 무기 삼아 투정하는 어린아이 같은 우리를 얼마나 애타게 불러 모으셨고 지금도 부르실까요?

하나님께서 눈물이 마를 날이 없는 사람을 불러 이스라엘 산 위에 두시겠다고 하셨습니다. 바로 하나님의 심정을 품은 교회에 두시겠다는 말씀이시며 모든 이가 보기만 해도 축복받은 줄 알도록 높이 두시겠다는 말씀이기도 합니다. 오늘 이 순간, 나는 감사하고 용서하는 사람인지, 혹은 내 상처에만 고정되어 있는 삶을 살아가는 불행한 사람은 아닌지 돌아볼 때입니다. 내가 출세하겠다고 모든 이를 짓밟고, 모략과 술수로 일어서려고 하지는 않는지 돌아볼 때입니다. 회개할 것은 회개해야 합니다. 그러한 사람을 하나님께서는 내 양이라 부르시며 찾으십니다. 오늘도 주님은 우리를 부르십니다.

"내 양은 내 음성을 들으며 나는 그들을 알며 그들은 나를 따르느니라." (요 10:27)

"볼지어다. 내가 문 밖에 서서 두드리노니 누구든지 내 음성을 듣고 문을 열면 내가 그에게로 들어가 그와 더불어 먹고 그는 나와 더불어 먹으리라." (계 3:20)

그 음성을 듣고 따르기만 하면 됩니다. 그 음성에 따라 가기만 하면 참다운 힐링이 있습니다. 오늘 나도 하나님께서 높이시고 좋은 것으로 주심에 감사하며 만족하고 편안히 쉬는 인생이고 싶습니다.

제 4장   주님의 마음, 긍휼

긍휼히 여기는 자는 복이 있나니
그들이 긍휼히 여김을 받을 것임이요.
(마 5:7)

보통 사람은 누구일까?

격세지감(隔世之感)이라는 말이 새삼스럽습니다. 애플사와 삼성의 소송이 세계적인 관심을 불러일으킵니다. 그런데 한편 생각해 보면 세상 말로 있는 자가 더하다는 생각이 듭니다. 양 사는 누구나 인정하는 세계적인 글로벌 기업인데 한 쪽이 자신들의 독점적 지위를 유지하기 위하여 칼날을 들이대고 반대쪽도 뒤질세라 맞서는 형국입니다. 이렇게 세상은 자기가 출세하기 위하여 남을 짓밟기도 하지만, 나아가 남의 불행이 나의 행복이라고 생각하는 이들도 많습니다. 보통의 경우 사람들은 없는 자나 부족한 자가 살겠다고 바둥거리는 것은 그럭저럭 참을 수 있겠는데, 잘난 사람, 가진 사람들이 그런 것을 보면 마음이 편치 못합니다.

그렇다면 보통의 평범한 중산층은 어떤 사람일까요? 어떤 글에 따르면 프랑스에서 조르주 퐁피두 대통령이 삶의 질이라는 차원에서 정한 중산층 기준은 다음과 같다고 합니다.

1. 외국어를 하나 정도 구사하여 폭넓은 세계 경험을 갖출 것
2. 한 가지 분야 이상의 스포츠나 악기를 하나 이상 다룰 것
3. 남들과 다른 맛을 낼 수 있는 별미 하나 정도는 만들 줄 알기
4. 사회 봉사단체에 참여하여 활동할 것
5. 남의 아이를 내 아이처럼 꾸짖을 수 있을 것
6. 사회 정의가 흔들릴 때 이를 바로 잡기 위해 나설 줄 알 것

그리고 미국의 공립학교에서 가르치는 중산층 기준은 다음과 같습니

다.

1. 자신의 주장에 떳떳하고,
2. 사회적인 약자를 도와야 하며,
3. 부정과 불법에 저항하는 것
4. 테이블 위에 정기적으로 받아보는 비평지가 놓여 있을 것

또한 영국 옥스퍼드대학에서도 제시한 중산층이 있습니다.

1. 페어플레이를 할 것
 2. 자신의 주장과 신념을 가질 것
3. 나만의 독선을 지니지 말 것
4. 약자를 두둔하고 강자에 대응할 것
5. 불의, 불평, 불법에 의연히 대처할 것

한편 우리나라의 경우는 어떨까요? 우리는 중산층의 개념을 삶의 질이란 차원에서 접근한 것을 찾기 어렵습니다. 그런 가운데 우리나라의 모 연봉정보 사이트에서 직장인을 대상으로 한 설문결과에 따르면 중산층의 기준이 다음과 같습니다.

1. 부채 없는 아파트 평수 30평짜리 소유
2. 월 급여 500만 원 이상
3. 2,000CC 이상의 중형차 소유

4. 잔고 1억 원 이상의 예금액 보유

5. 1년에 1회 이상의 해외여행 경험

외국은 엘리트 계층의 이상향을 말하는 경향은 있지만 그들이 제시하는 경우와 비교해 보면 우리나라는 물질적 기준에 모두의 시선이 돌아가 있는 듯합니다. 외국의 경우는 공통적인 것이 남을 배려하라는 것이 평범한 사람들의 기준입니다. 신앙을 떠나서도 이 조사들은 우리 모두에게 씁쓸한 공감을 남기는 대목입니다. 남을 배려하는 것은 긍휼의 마음이 있을 때 시작됩니다.

긍휼이라는 단어는 사전적으로 불쌍히 여겨 돌보아 준다는 의미를 가집니다. 그러나 진정으로 남을 불쌍히 여긴다면 "불쌍히"라는 단어는 빼고 남을 배려하고 돌보는 것이라고 해야 할 것입니다. 왜냐하면 상대방이 자신을 불쌍히 여겨 대한다는 것을 알게 될 때, 그의 인격적 존엄성이 무너지게 되기 때문입니다.

그런데 서로가 서로를 배려하지 않는다면 어떻게 될까요? 나는 어느 누구의 도움이 없어도 혼자 잘 살 수 있는 존재인가요? 이 세상에 나 홀로 살 수 있는 사람은 아무도 없습니다. 초등학교 적 교과서에 나온 거인의 집 동화가 기억납니다. 홀로 사는 심술궂은 거인의 집은 아무리 크고 멋있어도 언제나 꽃이 피지 못하는 겨울의 정원일 뿐이었습니다. 어느 날 호기심에 가득 찬 동네 어린아이들이 그 집에 살짝 들어갔다가 거인에게 발각되고 모두가 도망쳤지만 한 아이가 미처 도망하지 못하고 잡혔습니다. 그러나 그 아이와 마음의 장벽을 허문 거인은 아이에게 자기 집의 정원을 구경시켜 주었고, 거인의 집에도 봄이 찾아왔다는 글입니다. 어느 가수도 노래했습니다. "내가 만약 외로울 때면 누가 나를 위로해 주지, 여러분!" 우리는 서로를 배려하고 살지 않으면 고독이라는 섬에 갇힌 존재가 될 뿐입니다.

세상도 그러한데 기독교는 어떻습니까? 사랑의 종교라고 합니다. 하나님은 사랑이시라고 합니다. 그러나 우리는 얼마나 사랑이 넘치고 있나요? 내 가족, 내 아이, 내 것이 아니면 냉담해지는 경우도 많은 듯합니다. 언젠가 어느 목사님 자제분의 결혼식에 참석했을 때입니다. 하객들과 함께 식사를 나누는데 그 목사님이 자기 아들을 불러 조용히 타이르는 것을 보았습니다. 사연인즉 피로연에 낯 선 사람 한 명이 하객처럼 위장하고 들어와 음식을 먹는 것을 보고 아들이 화가 났습니다. 그 아들은 그 사람에게 누구의 하객인지 묻고 추궁하려고 했습니다. 그 때, 아버지인 목사님이 아들에게 놔두라고 했습니다. 그 날 저녁 우리 아이들에게도 그런 경우 어떻게 할 것이냐고, 무엇이 현명한 길이냐고 물었습니다. 어리둥절 하는 아이들에게 나 역시 "그럴 때, 그런 사람을 만나면 줘라, 그냥 줘라, 주되 할 수만 있다면 넘치게 주라."고 가르친 기억이 납니다.

긍휼은 예수님의 마음입니다

예수님께서 공생애를 시작하시면서 하신 첫 설교를 산상수훈이라고 합니다. 팔복 가운데 긍휼에 대한 말씀이 있습니다.

"긍휼히 여기는 자는 복이 있나니 그들이 긍휼히 여김을 받을
것임이요." (마 5:7)

예수님께서 사역을 시작하시면서 하신 첫 설교는 결국 예수님께서 간
절히 우리에게 전하시고자 하신 가장 큰 진리입니다. 그만큼 긍휼은 바
로 예수님께서 우리에게 간절히 주시고자 하시던 예수님의 마음 아닐까
요?

예수님께서 영생에 대하여 묻던 사람이 내 이웃이 누구냐고 물었을
때, 대답하셨습니다.

"예수께서 대답하여 이르시되 어떤 사람이 예루살렘에서 여
리고로 내려가다가 강도를 만나매 강도들이 그 옷을 벗기고
때려 거의 죽은 것을 버리고 갔더라. 마침 한 제사장이 그 길
로 내려가다가 그를 보고 피하여 지나가고, 또 이와 같이 한
레위인도 그 곳에 이르러 그를 보고 피하여 지나가되" (눅
10:30~32)

어떤 사람이 예루살렘에서 여리고로 내려가다가 강도를 만나매 강도
들이 그 옷을 벗기고 때려 거의 죽게 되었을 때, 그를 길에 버리고 갔습
니다. 마침 한 제사장이 그 길로 내려가다가 그를 보고 피하여 지나가
고, 또 이와 같이 한 레위인도 그 곳에 이르러 그를 보고 피하여 지나갔
습니다. 아무리 종교인이라 하여도, 누구보다 더한 신앙을 가졌다 하여
도, 남의 측은한 사정을 보면서도 지나갔습니다. 또 옳은 것이 무엇인지

아는 자라 할지라도, 옳은 일을 행하지 못한다면 아무 소용이 없을 것입니다. 어쩌면 오늘날 교회가 예수님의 정신과 마음을 잃었노라고 비판하는 교회의 사람들도 그와 같은 경우에 그냥 지나갈지도 모릅니다. 요새는 아이들에게 교육할 때 그렇게 말합니다. 강도를 만나면 "불이야!" 소리치라고 말입니다. 강도라고 하면 아무도 나오지도 않고 쳐다보지도 않는 세상이기 때문입니다.

> "어떤 사마리아 사람은 여행하는 중 거기 이르러 그를 보고 불쌍히 여겨 가까이 가서 기름과 포도주를 그 상처에 붓고 싸매고 자기 짐승에 태워 주막으로 데리고 가서 돌보아 주니라. 그 이튿날 그가 주막 주인에게 데나리온 둘을 내어 주며 이르되 이 사람을 돌보아 주라 비용이 더 들면 내가 돌아올 때에 갚으리라 하였으니" (눅 10:33~35)

그 때, 어떤 사마리아 사람이 여행하는 중 거기 이르러 그를 보고 불쌍히 여겨 가까이 가서 기름과 포도주를 그 상처에 붓고 싸매고 자기 짐승에 태워 주막으로 데리고 가서 돌보아 주었습니다. 그 이튿날 그는 주막 주인에게 데나리온 둘을 내어 주며 말했습니다. "이 사람을 돌보아 주십시오. 비용이 더 들면 내가 돌아올 때에 갚겠습니다." 그는 강도 만난 자와 아무런 관계도 없는 남이었습니다. 혈연도 학연도 지연도 어떤 이권에 연루된 사람도 아니었습니다. 오히려 그는 사마리아 사람이라고 자신을 비웃고 상종하지 않는 민족인 유대인에게 그와 같은 사랑을 베풀었습니다. 예수님께서 그렇게 말씀하실 수 있는 것은 바로 그것이 예수님의 마음, 이웃의 마음이기 때문입니다.

구약성경, 시편 103편 13절에서 이런 하나님의 마음에 대하여 "아버지가 자식을 긍휼히 여김 같이 여호와께서는 자기를 경외하는 자를 긍휼히" 여긴다고 했습니다. 신약성경, 요한2서 3절에서 사도 요한은 "은혜와 긍휼과 평강이 하나님 아버지와 아버지의 아들 예수 그리스도께로부터 진리와 사랑 가운데서 우리와 함께 있으리라."고 아버지의 긍휼에 대해 말씀했습니다. 그 아버지의 긍휼하심은 바로 예수님의 마음입니다. 어느 날 예수님께서는 눈 먼 자들을 보시고 불쌍히 여기사 그들의 눈을 만지셨고 고쳐 주셨습니다(마 20:34). 마찬가지로 수많은 무리를 보시고 불쌍히 여기사 그 중에 있는 병자를 고쳐 주셨습니다(마 14:14). 나사로의 죽음에 많은 이들이 슬퍼하는 것을 보시고 심령에 비통히 여기시고 불쌍히 여기사(요 11:33) 나사로를 부활시켜 주셨습니다.

전에 강의를 하기 위해 지방으로 다니던 나는 오랜 친구들과 만날 수 있는 시간이 방학 때만 허락되었습니다. 방학을 하면 친구들과 약속을 하고, 서울의 어느 커피숍에서 친구들을 만나 이야기했습니다.

그러던 중, 한 친구가 아이가 생기지 않아 고민이라고 했습니다. 인공시술을 해도 아이가 생기지 않고, 이제는 포기해야 될 것 같다고 했습니다. 가만히 그 이야기를 듣던 중에 생각했습니다. 그 친구는 우리나라에서 가장 큰 기업 가운데 한 군데에서 높은 지위에 있고, 교회에서는 안수집사입니다. 그러나 그 친구의 교회는 훌륭하신 목사님을 모신 우리나라의 대표적인 대형교회이기에, 그 친구는 담임목사님께 기도 한 번 받기도 어려운 위치였습니다. 안타까운 마음이 일어나며 나는 그 친구를 위해 그 자리에서 다른 친구들이 어떻게 하든 기도해 주었습니다. 그리고 그에게 자연임신으로 아이가 생겼습니다. 전화로 나에게 고마움을 전하며 어떻게 해야 할지 몰라 더듬거리는 친구에게 예수님의 긍휼하심만을 기억하고 감사하라고, 돌잔치 때에 보자고 했습니다. 교회가 개척되었을 때, 그 친구는 바쁜 일정 가운데 찾아와 축하해 주고 갔습니다. 내가 능력 많아서가 아니라 내 마음에 주님의 마음이 일었기 때문에 생겨난 일일 뿐입니다.

그런데 기억나는 다른 분들이 있습니다. 개척을 시작할 무렵이었습니다. 나는 병으로 고생하는 몇 몇 사람들을 기도해 주었습니다. 가끔, 아주 가끔 나의 기도를 통해 신유의 역사가 일어나기도 했기 때문입니다. 그 중에 수술대에 오르거나 수술을 앞 둔 분들이 자신의 처지를 나에게 알려왔을 때, 나는 물밀 듯 밀려오는 주님의 심정으로 그들을 위해 기도를 했습니다. 그들 중 어느 분은 수술 당일, 수술대에서 수술 부위를 확인하기 위해 다시 촬영하며 모니터로 보던 의사가 수술예정 부위가 정상으로 나타나자 당황해 했습니다. 그리고 다시 정밀검사를 하고 결국 오진이었던 것 같다고 사과하며 기도 받았던 환자에게 퇴원하도록 조치한 경우입니다. 그분들은 퇴원하고 나에게 연락을 하고 기도덕분이라고 했습니다. 그러나 그들은 개척교회에 방문하지도 않았고, 한 분은 교회 전도지에 간증을 실어도 되냐는 나의 질문에 단호히 거절했습니다. 자기 사생활이 노출되는 것이 싫다고 말입니다.

요새는 신유도 교회에 사람을 불러오는 힘이 없나 봅니다. 사실 개척에 즈음하여 그런 일들이 일어날 때, 나는 마음 한 구석에서 하나님께서 개척을 도우시나보다 했습니다. 70년대까지만 해도 이런 경우, 사람들은 무조건 교회에 등록하거나, 본인이 신학교에 입학하는 사례들이 많았지만, 이제는 전설 같은 이야기입니다. 대다수의 그런 경우, 교회에 등록하고 목사님을 따르는 사람들을 보면 예수님의 마음보다는 목사님의 능력이라고 선전되거나 그 목사님 외에는 은혜 있는 분이 없는 것처럼 묘사된 것이 많습니다. 예수님은 이적에서도 점점 멀어졌습니다. 예수님의 사랑이 희석되어져 갑니다. 나 역시 예수님이 아니라 나를 경이의 눈으로 바라보고 따르려는 사람들로 인해 그러한 기도를 가급적 자제합니다. 그래도 기도할 때에 전에는 낫기를 확신해야 기도하려고 하던 경향이 있었습니다. 낫는다는 능력이 중요했었는지도 모릅니다. 그러나 이제는 개척교회의 담임목사입니다. 어느 누구라도 기도를 원하면 할 것입니다. 내 마음에 기도해 주어야 한다는 불일 듯 하는 심정이 미처 생성되지 않아도, 또는 그러라는 음성이 없을지라도 위하여 기도할 것입니다. 이것은 목회자의 마음이기보다는 예수님의 마음, 긍휼하심이기 때문입니다. 설령 감사하다고 찾아오지 않아도 건강을 주시고자 하시던 예수님의 마음이기 때문입니다.

> "예수께서 대답하여 이르시되 열 사람이 다 깨끗함을 받지 아니하였느냐 그 아홉은 어디 있느냐?" (눅 17:17)

예수님께서도 예루살렘으로 가시던 중, 사마리아와 갈릴리 사이로 가실 때, 나병환자 열 사람이 주님께 나와 불쌍히 여겨달라고 외치는 소리를 들으시고 그들을 위해 기도해 주셨습니다. 물론 예수님의 기도이기에 그들은 모두 나음을 받았습니다. 당시의 법도대로 제사장에게 보이고 나음을 선언 받았습니다. 그러나 그들 중에 예수님께 찾아와 감사하다고

한 사람은 오직 한 명뿐이었습니다. 그 사실에 대해 질문하시는 예수님께서는 병의 나음만이 아니라 구원을 그에게 허락하셨습니다. 예수님께서는 그 사실을 알지 못하셨을까요? 아시지만 예수님의 마음, 긍휼하심이 그들을 위해 기도해 주시도록 이끌었습니다. 너무도 바보처럼, 너무도 우직하게, 그래도 주시고 또 주시는 예수님의 심정 말입니다.

예수님의 마음은 오직 우리를 향한 사랑, 긍휼하심이었습니다. 그래서 사도 바울도 자신이 주님의 사람이 된 것이 바로 예수님의 긍휼을 입었기 때문이라고 디모데전서 1장 16절에서 고백합니다. 우리 믿는 사람은 바로 예수님의 긍휼하심을 입었기에 예수님을 믿노라고 말하지 않습니까? 그리고 그 분께서는 바로 우리에게 긍휼 가운데 소망이 있는 인생으로 바꾸어 주셨습니다.

> "우리 주 예수 그리스도의 아버지 하나님을 찬송하리로다. 그의 많으신 긍휼대로 예수 그리스도를 죽은 자 가운데서 부활하게 하심으로 말미암아 우리를 거듭나게 하사 산 소망이 있게 하시며"(벧전 1:3)

사마리아 사람의 비유에서 예수님은 이웃에 대해 묻던 이에게 " 네 생각에는 이 세 사람 중에 누가 강도 만난 자의 이웃이 되겠느냐?" 되물으셨습니다. 그 때에 사람의 대답이 "이르되 자비를 베푼 자니이다." 예수님의 재차 대답하심은 "이르시되 가서 너도 이와 같이 하라." 하셨습니다.

어느 목사님께서 자신의 교회에서 파송했던 한 러시아 선교사를 만나 나눈 이야기를 들려 주셨습니다. 그 선교사는 주차장에 차를 세우고 나면 온통 생각이 차에 가 있었답니다. "왜 그러세요?"라고 물으니까 선교사가 대답했습니다. "여기는 자동차 도둑이 많습니다." 일전에도 자동차를 도둑맞아 경찰에 신고했더니 얼마 뒤, 알아서 해결하라며 한 전화번호를 주었답니다. 전화하니 "돌려받고 싶으면 돈을 얼마 내라." 그런 흥정 끝에 차를 되찾았답니다. 그곳에는 마피아가 많아서 마피아 가운데 차를 전문적으로 훔치는 사람이 있고, 그러면 경찰은 마피아 전화번호를 피해자에게 가르쳐 준답니다. 목사님은 선교사에게 온통 신경이 차에만 있고, 억울해 하니 선교사의 사역을 잠시 접고 휴식을 취하라고 권고했다고 합니다.

다른 한편, 대한민국 사람 모두를 감동하게 한 이도 있습니다. 고 이태석 신부입니다. 종파는 다르지만 그의 사역은 많은 이들의 심금을 울렸습니다. 그의 사역은 한 마디로 긍휼의 마음 아니었습니까? 아프리카를 가슴에 품고 긍휼함으로 그들을 돌보아 주던 사역 말입니다.

긍휼은 베푸는 것

예수님 당시에 유대인들은 율법을 누구보다도 잘 지킵니다. 자신의 생명을 걸고 율법을 고수함으로 하나님을 사랑했습니다. 그런데 돌이켜 보십시오. 율법은 오직 죄와 관련되어 있습니다. 죄 지은 곳에서만 율법의 할 일이 있습니다. 예수님께서는 간음하다 현장에서 잡혀 온 여인을 보셨습니다. 분명히 율법에 따르면 그 여인은 죽어야 합니다. 그러나 죄

지으니까, 죄가 있고 나니까 예수님의 대답은 사랑이셨습니다. 사도 바울은 말씀했습니다.

> "그러나 내가 나 된 것은 하나님의 은혜로 된 것이니 내게 주신 그의 은혜가 헛되지 아니하여 내가 모든 사도보다 더 많이 수고하였으나 내가 한 것이 아니요 오직 나와 함께 하신 하나님의 은혜로라."(고전 15:10)

오늘날 많은 교회들도 사랑이 넘쳐 납니다. 일을 사랑합니다. 사람을 사랑합니다. 교회마다 행사 중독에 들었고, 사업과 이벤트를 위해 일을 구상합니다. 어떻게 해서든지 사람을 늘려야겠다는 일념들이 넘쳐납니다. 그러나 정말 중요한 것은 바로 예수님의 마음이 긍휼이라는 사실입니다. 예수님의 모든 생각과 뜻과 자신의 사역은 오직 하나 긍휼에 따랐습니다.

나의 나됨이 하나님의 은혜라면 누리고 살고만 싶을까요? 그것을 중산층이라 할까요? 분명 누군가는 더 가지고, 누군가는 더 누리고, 아니 분명 누군가는 못 가지고, 누군가는 난관을 만납니다. 그러나 그것은 배역의 차이일 뿐입니다. 편안하고 불편한 것의 차이이지 행복과 불행의 기준이 될 수는 없습니다. 누구는 월세 방에 살아도 행복을 누리며 살고, 누구는 고래 등 같은 호화빌라에 살아도 처참한 인생을 보냅니다. 자기의 자존심과 체면 때문에 감추고 표현하지 못할 뿐, 오늘도 무너진 나에게 필요한 것이 무엇일까요?

교회를 보아도 어느 교회나 공통적인 것이 있습니다. 가난한 사람이 하나님께 더 잘 드리고, 하나님의 일에 물질을 바치고 헌신합니다. 이상하게도 부자가 그런 경우는 본 경우가 별로 없습니다. 어느 목사님이 교인들과 아웃리치로 선교지에 갔습니다. 선교지 교회에서 저녁 식사를 하던 중, 마을 사람 몇 명이 찾아왔답니다. 이유는 자기 아이들이 먹고 공부할 수 있도록 도와달라는 것이었습니다. 보통 가난한 나라에서는 아이들이 한 달에 우리 돈 3만 원이면 먹고 공부하는 것이 가능하다고 합니다. 그 사연을 통역을 통해 들은 목사님과 교우들은 아무도 말을 못하고 있었습니다. 이윽고 어느 집사님 한 분이 비록 넉넉지 못한 살림이지만 자신이 돕겠노라고 흔쾌히 나섰답니다. 그 때 목사님은 한 집사님 내외분이 마음에 걸렸답니다. 그 부부는 바깥 분이 어느 회사의 사장님이고, 사모님은 어느 병원의 원장님이었답니다. 그러나 돌아와도 그 내외는 내어놓은 것은 없었답니다. 바로 그들에게서는 그런 긍휼이 없었기 때문입니다.

주는 교회가 되고 싶습니다

개척을 하고 나니 많은 지인들로부터 연락이 끊어졌습니다. 개척교회니까 자기가 나와야 하거나 물질을 바쳐야 한다는 심정적인 불편함이 그렇게 만듭니다. 교회 다니는 분들도 그러니 예수님을 모르거나 믿지 않는 사람들이야 말하면 무엇 하겠습니까? 그래도 잠시 교회에 들려본 분들 가운데 그런 말을 하는 경우도 있습니다. "목사님 너무 좋아요, 사모님도 너무 좋아요, 교회도 이렇게 아름다운 교회가 개척교회라는 것이 믿기지 않아요. 그래도 저는 큰 교회로 가렵니다. 예수님 믿게 해 주셔서 감사합니다."

어떤 지인들은 마음의 부담감 때문에 찾아오기도 합니다. 그리고 대체로 "목사님, 뭘 도와드릴까요?" 묻곤 합니다. 그런데 그들이 뭘 도와야 하는지 몰라서일 수도 있지만 그냥 인사치레인 경우가 대부분이었습니다. 그런 형식적인 멘트에 나는 "기도가 제일입니다. 기도해 주세요." 라고만 답합니다. 어쩌면 내가 믿음이 부족해서인지 모르지만 단지 그들에게 부담감을 다시 주고 싶지 않기 때문입니다. 그렇게 가고나면 내 마음은 애가 탑니다. 그 시간에 나가 한사람이라도 더 만나 복음을 전하지 못하고, 삶에 지친 이들에게 용기를 주지 못했다는, 그리고 그 시간에 한번이라도 더 기도하고 말씀을 보지 못했다는 간절함 말입니다.

나는 아직 교회에서 사례비를 받지 않습니다. 그냥 있어도 부담되는 개척교회인데 교인들에게 무엇인가 부담지우고 싶지 않기 때문입니다. 아니 내가 줄 수만 있다면 그냥 주고 싶습니다. 내가 세상적으로 가진 것이 넘쳐서는 결코 아닙니다. 오직 예수님의 마음이 나를 움직이게 하시기 때문입니다. 그래도 사람들은 체면 때문에 그것조차 거부합니다. 오늘도 나와 교회는 많은 일들을 계획하고 하나씩 실천하고 있습니다. 현재는 그러한 일들을 추진하기 위한 역량을 모으기 위해 특별히 전도에 총력을 기울이고 있습니다. 그것이 교회를 키우고 사람들을 늘리기 위한 방편이 아니라 간절하신 예수님의 마음으로 하기를 원합니다. 예수님께서 그토록 긍휼히 원하시고 찾으시는 분들을 교회로 모시고 싶기 때문입니다.

어느 분이 찾아와 격려해 주시며 이야기 했습니다. "교회도 개척은 생존의 문제입니다. 열심히 이겨내세요." 나는 그 마음만 받으며 속으로 외쳤습니다. 생존을 위한 교회는 이미 넘칩니다. 나는 예수님의 간절하신 그 심정이 나의 마음을 울리고 그 사랑에 동참하는 교회를 소원합니다. 내가 살고 죽는 것, 교회가 살고 죽는 것은 문제가 될 수 없습니다. 아니 나와 교회는 이 세상에서 죽어야만 합니다. 그래야 생명이 허락됩니다. 전도이든, 구제이든, 나의 모든 생활에서 긍휼한 마음이 넘치는 넉넉함이 있기를 원합니다. 이제 시작된 교회이지만 주는 교회가 되기를 소원합니다. 주님께서도 우리를 긍휼이 여기시기 때문입니다. 이 교회는 예수님의 마음을 품는 진정한 교회가 되길 기도합니다.

제 5장 시험과 유혹의 세월

예수께서 성령의 충만함을 입어 요단강에서 돌아 오사
광야에서 사십 일 동안 성령에게 이끌리시며
마귀에게 시험을 받으시더라.
이 모든 날에 아무 것도 잡수시지 아니하시니
날 수가 다하매 주리신지라.
마귀가 이르되 네가 만일 하나님의 아들이어든
이 돌들에게 명하여 떡이 되게 하라.
예수께서 대답하시되 기록된바
사람이 떡으로만 살 것이 아니라 하였느니라.
마귀가 또 예수를 이끌고 올라가서 순식간에 천하만국을 보이며
이르되 이 모든 권위와 그 영광을 내가 네게 주리라
이것은 내게 넘겨 준 것이므로 내가 원하는 자에게 주노라.
그러므로 네가 만일 내게 절하면 다 네 것이 되리라.
예수께서 대답하여 이르시되 기록된 바
주 너의 하나님께 경배하고 다만 그를 섬기라 하였느니라.
또 이끌고 예루살렘으로 가서 성전 꼭대기에 세우고 이르되
네가 만일 하나님의 아들이어든 여기서 뛰어내리라.
기록되었으되 하나님이 너를 위하여 그 사자들을 명하사
너를 지키게 하시리라 하였고
또한 그들이 손으로 너를 받들어
네 발이 돌에 부딪치지 않게 하시리라 하였느니라.
예수께서 대답하여 이르시되
주 너의 하나님을 시험하지 말라 하였느니라.
마귀가 모든 시험을 다 한 후에 얼마 동안 떠나니라.
(눅4:1−13)

인생무상

세상사가 왜 그리도 험난하고, 안 되는 것이 많아 보이는지 모르겠습니다. 남들은 쉽게 잘 되는 것 같아 보이는데 유독 머피의 법칙처럼 나만은 되는 것이 적노라고 푸념하는지도 모릅니다. 차를 모처럼 닦으면 비가 오고, 큰맘 먹고 산 물건은 다음 날부터 세일이고, 한 두 번이야 웃으며 들을 수도 있고, 대수롭지 않게 넘길 수도 있습니다. 그러나 그런 것들이 쌓이면 사람이 얼마나 스트레스 받겠습니까? 먹고사는 것이 뭔지, 남자는 직장에서 상사로부터 모진 소리도 듣고 감내해야만 하고, 여자는 생각도 못한 허드렛일로 푼돈을 벌어야 합니다. 그러니 집에 가도 부부가 서로 이것 해 달라, 저것 해 놔라, 요구는 넘치고, 아이들은 아이들대로 불만에 가득 차 대화도 회피한 체 문을 잠급니다. 남자는 조금 더 심한 것 같습니다. 그리고 있으면 반기는 것은 강아지뿐이요, 남은 것이라곤 이사 갈 때 강아지를 꼭 안고 있어야 가족에게 버림당하지 않고 데리고 간다는 처량한 50대 중년 한국 남성의 모습입니다.

그런데 이것이 요즘은 중년 남성의 모습만은 아니라는 것에 문제가 있습니다. 2009년 3월 24일자 「동아일보」에 사회공포증(social phobias)에 대한 기사가 실렸습니다. 기사에 의하면 실직, 고용불안, 경기침체 등 사회불안이 계속되면서 사회공포증 환자가 늘고 있다고 합니다. 사회공포증이란 사회적 좌절, 불안을 경험한 후 타인과의 관계를 두려워하기 시작해 자신에게 필요한 사회적 활동을 회피하고 혼자 있길 원하는 등 사회적 기능이 저하되는 상태를 지칭합니다. 이 사회공포증 환자가 2005년에서 2008년 사이, 단 3년 만에 53% 증가했습니다.

특히 사회 진입 자체가 어려워진 20~30대, 그리고 한번 실직하면 재취업이 어려운 40대에서 두드러져 2008년 40대 사회공포증 환자는 2005년에 비해 66%나 증가했다고 합니다. 문제는 이것이 자신의 성격 탓으로 가볍게 여기거나, 아무리 노력해도 사회에 편입된다는 것이 불가능하다고 생각해 모든 것을 포기한 채 집에만 박혀 있는 사람들이 늘고 있다는 점입니다. 이는 단순히 그럴 수 있다는 불안이 가중되면서 나타나는 것일 수도 있지만, 실제로 어려움이 점철되는 사람, 그리고 거기로부터 헤어날 방도를 찾을 수 없는 사람이라면 문제는 달라지고 심각해집니다. 아니 어려움을 한 번이라도 받거나, 특히 중요한 순간에 어려움이 발생한 자라면 참으로 난감한 심정이 아니겠습니까?

예수님께서 드디어 자신의 참 모습을 드러내시며 공생애를 시작하시면서 먼저 40일의 금식기도를 하셨습니다. 그러면 엄청난 변화와 능력만이 나타날 것 같았는데 예수님도 사단의 시험을 받으셨습니다. 부끄럽지만 나에게도 유사한 경험이 있습니다. 해도 해도 잘 안 되고 풀리지 않는 실타래처럼 얽힌 일을 놓고 고심한 적이 있습니다. 문제는 나 자신이라고 스스로 위안을 삼고 노력을 해도 나를 놔두지 않고 얽매이는 사슬 같은 환경과 난관이었습니다. 그것이 나에게 고통이 되는 것은 내가 하나님께 온전히 쓰임 받지 못한다는 고통이었기 때문입니다. 내가 사명을 받고 하나님을 위하여 살겠노라고 했지만 내가 하나님을 위한 일보다 사람을 위한 일에 더 많이 시간을 허비한다는 생각에 스스로 무너졌습니다. 사람들을 만나도 그로 인해 심한 상처를 받기도 하고 불이익을 감수해야 하는 일도 생겼습니다.

그러다 보니 사람들도 가급적 피하기도 했지만 해결이 있지는 않았습니다. 계속되는 어려움과 갈수록 미궁에 빠지는 일들로 인해 몇 년 동안 새벽마다 눈물을 흘리며 기도했습니다. 그런데도 풀리지는 않았습니다. 결국 쌓이던 어려움이 한순간 엄청난 심적 타격으로 와 닿았고 몸이 심하게 상했습니다. 그런 상황이 나에게 왔을 때, 너무도 힘들어 모든 것이 귀찮았습니다. 병원 가기도 싫고, 가면 분명히 쓰러질 것 같고, 다시 일어나기 어렵다는 느낌만이 사로잡았습니다. 길을 걸어가다 눈앞도 제대로 보이지 않기 시작하고 너무도 힘들어 기도를 해도 "죽을 거라면 천국에 갈 건데 편하게 가게 해 주십시오."라고만 했습니다. 그런데 주님께서는 두려워말라고 하셨고, 이어 번듯 정신이 나고 앞이 다시 보이고, 몸이 의지대로 움직여져서 집으로 돌아왔습니다.

한편으로는 그래도 모든 것이 힘들어 하나님께 그냥 받아달라고 기도했을 때, 이렇게 쓰러지면 아내와 아이들은 어떻게 되는가라는 생각이 마음에 걸렸습니다. 정직히 사명은 그 다음이었습니다. 어쩌면 하나님께서 적어도 나의 가정을 생각하라고 기억나게 하신 것 같습니다. 그제야 나는 낫기를 기도했습니다. 나아야 하는데 하나님께서 나에게 허락하신 사명을 어느 모양으로든지 이루어야 하지 않겠냐고 기도했습니다. 그리고 몸을 추스르기 시작했고 주위의 사람들의 도움으로 병원에 입원하고 치료를 받았습니다. 검사 결과, 갑자기 측정 불가능하도록 올라갔던 혈당치수가 가라앉은 것을 의사가 보며 그런 상황이 몇 분 더 지속되었다면 나는 이 세상에 없거나 뇌신경이나 여타 신체 기능에 손상이 왔을 것이라고 했습니다. 그런 몸 상태로 온전히 생활한 것이 기적이라고 했을 정도로 고통은 나에게 생명의 위험으로 다가왔습니다. 나는 병실에 혼자 남아 정말 의사의 말대로 위험한 수준이 일정 시간 이상 지속되지 않았기에 생명이 온전할 수 있었다 생각했습니다. 그러나 무엇보다도 나약해지고 부끄러운 기도만이 나에게 넘쳐나도 은혜를 허락하시고 속히 회복시키신 것은 하나님의 신실하신 사랑하심뿐이었습니다.

기본적 욕구도 버려야 할까?

그런데 성경에서 예수님께서도 인간으로 오셔서 나와 같은 상황에 계셨음을 다시금 바라보게 됩니다. 세례를 받으신 예수님은 하나님의 아들이심을 하늘로부터 선포받으셨습니다. 그럼에도 불구하고 그분께서는 시험받으셨습니다. 그렇게 기도하고 하나님을 찾으며, 오늘날로 말하자면 영성의 훈련을 쌓으시던 주님이신데 말입니다. 바로 하나님 자신께서도 시험을 비껴가시지 않으셨습니다. 그것은 믿음의 문제가 아니라 누구에게나 있는 삶의 고통이며 유혹입니다.

영적으로 무장되어지던 예수님께 다가온 마귀의 시험은 바로 기본적이고 원초적인 인간의 문제를 파고드는 유혹이었습니다.

> "마귀가 이르되 네가 만일 하나님의 아들이어든 이 돌들에게
> 명하여 떡이 되게 하라." (눅 4:3)

예수님께서는 40일 기도 끝에 육체적 탈진과 허기로 견디기 힘드신 순간이었습니다. 배고프면 눈에 뵈는 것도 없다고 하는데 얼마나 먹을

것이 간절했겠습니까? 그러나 때로는 그 간절함이 우리에게 시험이 될 수도 있습니다. 본능적 욕구에 의한 고통이 너무도 크면 우리는 일상생활에서 오는 궁핍함으로 인해 자포자기하게 됩니다. 아니면 무모한 행동에 대한 유혹이 생깁니다. 신문을 보노라면 간혹 굶주림으로 인해 먹을 것을 훔치다 잡힌 사람들의 이야기로 가슴 아프게 되는 적이 있지 않습니까?

게다가 마귀는 예수님이 하나님의 아들이라고 가정합니다. 그렇다고 해도 시원찮은데 '그렇다고 한다면'이라는 표현은 힘든 상황에 놓인 자에게 얼마나 비수처럼 꽂힙니까? 예수님께서는 그 순간 오랜 금식으로 인해 육체가 극도로 약해지셨고, 배고픔에 지쳐 계셨습니다. 그러하신 예수님께 마귀는 시작부터 엄청난 상처로 다가섰습니다. 우리의 입장에서 본다면 가진 것 없고 헐벗고 굶주리고 어려울 때 내가 정말 예수님의 축복을 받은 사람이냐고 반문받을 수 있는 그런 상황입니다. 사람이 사람답게 살기 위한 기본적 조건들을 흔히 의식주라고 표현합니다. 그 가운데 먹는 욕구는 단순한 욕망이 아니라 생명과 직관된 기본적 욕구입니다. 누가복음 4장 3절의 순간은 예수님께서 자신의 생명까지 위태로운 상황이 되어 계신 순간이었습니다. 무엇 때문이었습니까? 기도 때문입니다. 영적 무장을 위한 훈련 가운데 온 사건입니다. 오늘날 우리가 예수님을 믿는다고 해도, 아무리 무장되고 올바르거나, 신앙의 사람이라고 해도 기본적 사항에 대한 시험이 올 수 있고, 그것은 큰 시련이요, 시험이며, 유혹이 될 수밖에 없습니다.

그런 상황에 이르면 사람은 실망과 절망으로 빠질 수 있고, 아니 빠질 수밖에 없는 상황에 이른다고 단정하게 되고 맙니다. 마귀는 바로 이 점을 노리고 비열한 말을 시작합니다. 뭐라고 말입니까? "네가 만일 하나님의 아들이어든" 그 말은 '너도 하나님의 아들이냐?' '너도 하나님의 사람이냐?' '네가 목사냐?' '네가 집사냐?' '너도 교회 나가냐?'라는 어떤 이에게는 양심을 건드리는, 또 어떤 이에게는 신앙이나 양심의 문제가 아니라 비참하다는 느낌의 아픈 구석을 찌르는 비수가 되는 시비입니다. 문제는 그 다음입니다. 그 비수가 너무도 오래 찌르고 있다거나 그 질문이 계속 파장을 일으키는 겁니다. 그렇다고 미친개처럼 욕하고 원망하며 고래고래 소리 지를 수도 없는 것이 믿는 자 아닙니까? 하물며 하나님의 아들이신 예수님께서는 그 고통이 얼마나 크셨겠습니까?

그렇기에 유혹은 거기서 멈추지 않습니다. 돌들로 떡을 만들면 어떻게 합니까? 먼저 먹고 봐야죠. 배고프면 눈에 뵈는 것 없다고 하지 않습니까? 그런데 보십시오. 여기에는 숨은 이중의 노림수가 있습니다. 네가 배고픈 것만이 아니라 그것을 보는 사람들은 어떠냐? 또 그 보는 사람들의 눈에 너는 어떤 모습이냐는 인간의 인간됨인 기본적 자존심마저 건드립니다. 그래서 이 유혹은 예수님으로 하여금 자신의 배고픔을 해결하기 위해서만이 아니라 메시야로서 다른 사람들의 육체적 요구를 충족시키고 적어도 자신에게 그런 능력이 있음으로 말미암아 다른 이들이 자신을 하나님의 아들이라고 믿게 하라는 것입니다.

우리도 흔히 이런 유혹에 빠집니다. "하나님, 나에게 이런, 이런 것이 필요합니다. 부족합니다. 채워 주세요. 크신 하나님이신데 은혜주세요. 내가 하나님의 자녀인데 이러면 되겠습니까? 하나님 그건 아니잖아요?" 이렇게 말입니다. 어쩌면 나도 생명이 경각에 달렸을 때, 이렇게 부르짖던 사람 중에 하나였는지 모릅니다. 그런데도 하나님은 일단 들어주셨으니 그 얼마나 감사하며 감격할 일입니까? 내 자식 같으면 적당히 괘씸해 서라도 놔두던지, 해 주어도 교육상 야단치게 될 텐데 말입니다. 나의 지속된 아픔과 기도를 들으신 것일 수도 있지만 무엇보다도 바로 하나님께 서는 그런 자까지도 끝까지 사랑하시고 세우시고자 하시기에 가능한 일일 뿐입니다. 그런 우리와 마귀에게 하신 예수님의 대답은 단호하셨습니 다. "사람이 떡으로만 살 것이 아니라."(눅 4:4) 그러나 이 말씀이 어떤 이에게는 난감합니다. "그럼 어쩌란 말입니까?" "지지리 궁상은 계속 지지리 궁상이어야 합니까?" "애통하는 자는 계속 애통해야 합니까?" 단지 나는 이렇게 말할 수 있습니다. 이런 의문과 질문이 떠나지 않는 한, 하나님의 사랑을 인정하지 못합니다. 또 "그러면 목사님은 하나님께서 멋있게 만들어 주시지 않는다는 말입니까?"라고 묻지 마십시오. 하나님의 사랑하심이 바보같이 그런 자신에게도 임하신 것만을 보시기 바랍니다. 그래도 그런 질문을 하는 자에게는 아직 마귀의 첫 번째 시험이 미치고 있을 뿐입니다.

세상의 처세와 방법이 해답일까?

사탄의 시험이 여기서 머물지 않습니다. 마태복음의 세 번째 시험에 해당하는 유혹을 받으십니다. 마귀가 말합니다.

"이르되 이 모든 권위와 그 영광을 내가 네게 주리라 이것은

내게 넘겨 준 것이므로 내가 원하는 자에게 주노라." (눅 4:6)

마귀는 세상을 지배하는 자신의 권세가 하나님께서 주신 것이라고 확언합니다. 그리고 그것을 원하는 자에게 준다고 약속합니다. 정말이지 세상에서 출세하는 것, 쉬운 일이 아닙니다. 이제는 어린 아이들에게까지 처세술에 관련된 책이 보편적으로 읽히고 있는 세상입니다. 어떻게 하면 윗사람에게 구미에 당기는 대답과 행동을 할 수 있을까 궁리하고 연구합니다. 정치권은 정치권대로, 경제계는 경제계대로, 언론은 언론대로 모든 사회들마다 서로를 의식하고 밉보이지 않기 위해 노력합니다. 아니 좋은 인상을 주고 자신의 이익을 취하고자 거짓과 술수도 마다하지 않습니다. 좋은 게 좋은 거라고 말합니다. 현실과의 적당한 타협이 지혜롭다고 말입니다. 아픈 자리에서 일어나 몸을 추스르면서 나 역시 어떻게 처신해야 이 난관을 헤쳐 나갈 수 있을까 궁리하게 되었습니다.

현재 한국에서 신자는 전체 인구의 18% 정도라고 합니다. 그나마 과반수가 여성분들이기에 남자들은 열 명 중에 신자가 한두 명에 불과합니다. 세상에서 사회생활을 할 때 우리나라처럼 공동체 의식이 강한 나라가 없지 않습니까? 그러니 그 문화에 어울리고 끼지 않으면 알게 모르게 불이익을 받습니다. 그에 따라 자신이 신자임을 떳떳이 밝히지 못하고 생활하거나, 알아도 교회 생활과 직장 생활은 다르다고 자위하며 사는 사람들은 또 얼마나 많습니까? 그런 신자들의 대부분은 교회에 나올 때 죄된 심정으로 갈급함으로 옵니다. 그러나 나가서는 그렇게 살 수밖에 없다거나 그래야 출세한다고 지혜로운 처신이라고 여기는 사람이 없겠습니까? 아니 교회에서 직분을 맡아도 그것이 자신의 품격을 대변하는 것으로 여기거나 그것을 위해서 맞추어 자기를 꾸미는 분들은 또 얼마입니까?

그러나 예수님께서는 신적 목적을 달성하기 위해서는 하나님께서 허락하시지 않은 수단도 사용하라는 어떠한 제안도 거부하십니다. 악은 모양이라도 버려야 합니다. 선으로 악을 이기는 자가 하나님의 사람입니다. 왜 그렇습니까? 하나님의 사람은 오직 선하신 하나님만을 섬깁니다. 교회에 나와 예배 시간만 하나님을 섬기는 것이 아니라 나의 생활 가운데서도 하나님을 올바로 섬기기 때문입니다. 하나님의 사람은 삶과 인생 자체가 바로 진정한 예배이기 때문입니다. 자신의 수단과 방법, 계획과 궁리가 아니라 하나님이 주시는 방법과 뜻에 따라 복종합니다. 그곳에 참된 축복이 있습니다. 이 시험에 대해 예수님께서는 단호히 말씀하십니다.

"주 너의 하나님께 경배하고 다만 그를 섬기라."(눅 4:8)

확신을 위해 증거를 찾습니까?

이제 마귀는 시편 91편 11절에서 12절을 인용하여 예수님께 다시 질문을 던집니다.

"또 이끌고 예루살렘으로 가서 성전 꼭대기에 세우고 이르되

네가 만일 하나님의 아들이어든 여기서 뛰어내리라. 기록되었
으되 하나님이 너를 위하여 그 사자들을 명하사 너를 지키게
하시리라 하였고 또한 그들이 손으로 너를 받들어 네 발이 돌
에 부딪치지 않게 하시리라 하였느니라." (눅 4:9~11)

예수님으로 하여금 그가 하나님의 아들이기 때문에 자신을 해치는
어떤 행동을 하더라도 하나님께서 보호하실 것이라고 유혹합니다. 만일
예수님께서 그리하셨더라면 아마도 사람들은 그를 메시야라고 찬양하지
않았을까요? 다시금 첫째 시험의 숨은 맥락과 같은 그러나 더욱 도발적
인 시험으로 마귀는 예수님을 이끕니다. 정말이지 사단의 말처럼 한다면
예수님은 자신의 사역을 좀 더 앞당기고, 쉽게 성취하셨을 지도 모릅니
다. 어쩌면 수많은 무리들이 그분을 따를 때, 그런 증거를 원했는지도 모
릅니다. 오늘도 우리 역시, 눈에 보이는 것을 통해 나를 사랑하시는 것을
증명해 보라고 기도하는지도 모릅니다.

믿는 자들에게서도 비슷합니다. 나 역시 병상에서 일어나 살리시겠다
는 하나님의 약속을 생각하고 감사하면서도 내 현실은 바뀌지 않고, 나
의 계산에서는 답이 나오질 않으니 얼마나 고통스러웠는지 모릅니다. 그
래서 환경과 상황에서 단지 이런 일이 있어야만 가능하겠다고 여겨지
는 것들도 있었습니다. 그러다 보니 '주님, 그것을 확신의 증표로 주십시
오.'라고 내 마음 한 구석에서는 울부짖기도 했습니다. 그렇지 않으면 나
에겐 어떤 돌파구가 없기 때문입니다. 그러나 예수님께서는 자신에 대한
하나님의 사랑을 증명해 주길 위해 하나님께 기적을 요구하는 시험을 하
시지 않으셨습니다.

그분에게 세 번째 시험은 자신이 어떤 메시야가 될 것인지 결정하는 결단의 시기였습니다. 40일간의 금식은 신명기 8장에 나오는 이스라엘 백성들의 40년 광야 생활의 모습과 대비됩니다. 이 기간을 통해 이스라엘 백성들은 하나님의 뜻하심을 이루기 위해 신실하게 하나님께 순종할 것인지 시험받았습니다. 그와 같이 예수님은 이 시험을 통해 자신이 해야 할 사역, 하나님의 목적의 성취를 위해 어떤 사역을 해야 하며, 어떻게 하나님께 순종해야 하는지 시험받으셨습니다. 자기의 눈으로 세상을 보는 것이 아니라 하나님의 눈으로 세상을 보는 것, 나의 마음이 가는 곳이 아니라 아버지의 마음이 가시고자 하는 곳으로 가는 것, 그것이 믿는 자에게 시험을 이기기 위해 필요한 능력입니다.

여기서 '시험하다'는 하나님께서 우리의 손에 쥐어주시는 수단을 소홀히 한다는 의미입니다. 하나님께서는 저마다의 소명과 그에 따른 달란트를 주시고 선하심 가운데 인생의 길을 가게 하셨습니다. 그 주신 은혜를 마다하고 다른 것을 찾는 자에게, 그리고 하나님의 의도와는 다르게 사용하고자 하는 자에게 예수님은 말씀하십니다.

"주 너의 하나님을 시험하지 말라." (눅 4:12)

사람들은 하나님을 믿노라고 하면서도 그분이 주신 재능과 선물을 함부로 버립니다. 닦고 준비해서 귀한 보석이 되기보다는 이리 굴리고 저리 굴리다 잊어먹으면 버리고 맙니다. 또 어떤 사람들은 하나님께서 주신 특별한 은사를 자신의 요구를 충족시키는 곳에 사용합니다. 돈을 가지고 태어난 자가 그 모든 것으로 자기의 욕심만을 채우는 경우가 너무도 흔합니다. 좋은 머리를 받은 자가 그토록 열심히 공부해서는 자기의 주머니를 채우기에 급급합니다. 하나님이 자신에게 젊음과 아름다움과 시간을 주셨는데도 그것으로 즐기기만 할 뿐 하나님께서 주신 진짜 축복인 인생을 가꾸는 것에 사용할 줄 모릅니다. 이 시험을 마귀의 입장에서 본다면 예수님께서 악을 행하시게 하는 유혹이자 기회였습니다. 그러나 성령의 입장에서 본다면 예수님께서 사역을 감당하시기 위한 또 하나의 시험이었습니다. 유혹은 마음이 나뉘는 것으로부터 시작됩니다. 이것을 하고 싶기도 하고 저것도 놓치기 싫어하는 것, 그것을 야고보서는 마음이 나뉜 자라고 경계하였습니다.

"두 마음을 품어 모든 일에 정함이 없는 자로다." (약 1:8)

그렇기에 의심하고 욕심에 사로잡히고 맙니다. 또 야고보서는 이런 자에게 말씀합니다.

"이런 사람은 무엇이든지 주께 얻기를 생각하지 말라." (약 1:7)

그러나 우리는 하나님을 믿으니 이런 것 정도는 되지 않겠냐고 간구하지만 그것이 하나님의 뜻에서 구하는 것인지 자신의 욕심으로부터 비롯된 것인지 분별하지는 않습니다. 아니 나에게 하나님의 복음이 임한 것이 나를 위한 것으로 머무는 것이 아니라 그것을 이웃과 세상의 빛이 되기 위함임을 망각하게 만들기도 합니다. 내가 축복받기 위해 예수님을 믿는 자리에 머무는 것이 아니라, 그것을 통해 하나님께서 내가 가기 원하시는 곳을 바라보는 신앙이어야 합니다.

누가복음 4장에서 우리 주님께서 받으신 시험은 하나님의 뜻을 수행하기 위한 참 시험이었습니다. 그리고 그 세 가지 시험은 결국 잘 먹고 잘살고 싶다는, 혹은 돈과 명예에 눈먼 사람들의 근본적인 유혹에 대해 예수님께서 받으신 시험이었습니다. 그런데 재미있는 것은 마태복음 4장의 동일한 사건의 기록과의 차이입니다. 이 시험이 그치고 마태복음은 "이에 마귀는 예수를 떠나고 천사들이 나아와서 수종드니라."(마 4:11)고 기록합니다. 그러나 누가복음 4장 13절은 "마귀가 모든 시험을 다 한 후에 얼마 동안 떠나니라."고 기록합니다. 그렇다면 예수님은 천사의 수종 받는 영광을 소망하시고 시험받으셨습니까? 또한 이후로 시험이 없다는 것인가요? 오히려 누가복음을 묵상해 보면 이후로도 시험이 평생에 따라다닌다는 말씀입니다. 날마다 어려운 순간들이 우리에게 찾아온다는 말입니다. 지금은 괜찮은 것 같지만 마귀는 기회를 노린다는 겁니다. 그러니 예수 믿으면 만사형통, 탄탄대로가 아니라 믿어도 어려움과 고난의 연속이라는 것입니다. 단지 이전과는 다릅니다. 그 짐이 쉽고 가벼울 뿐이기 때문입니다. 왜 그렇습니까? 바로 그 모든 것을 이미 시험받으시고 이기시고 승리하시고 우리에게 사랑하심으로 능력을 베푸시는 예수님이시기 때문입니다. 그 분 안에서 왔던 환란과 고통이 만 갈래로 흩어질 것이기 때문입니다. 하나님의 사랑이 가져다주는 선물이기 때문입니다.

시험받을 때가 인도함 받을 때입니다

오늘 내 앞에 놓인 것이 시험입니까? 유혹입니까? 인생의 고비에서 왜 나는 어렵냐고 원망하지 마십시오. 예수님께서도 시험받으셨습니다. 시험을 이기셨다고 시험이 온전히 끝나지도 않았습니다. 우리 앞에 또 얼마나 무거운 짐과 어려움과 시험이 놓여 있는지도 모릅니다. 그토록 시험받으시고 겟세마네에서조차 시험받으시면서 아버지의 뜻을 구하신 주님을 바라보아야 합니다. 그분이 바로 나의 구주이십니다. 우리는 믿음으로 고백해야 합니다. 바로 주님만으로 나는 만족합니다. 그 주님께서 나의 능력이시오, 힘이시오, 소망이십니다. 그 분의 모습을 기억하며 의지함으로 나의 나 된 것을 버리고 더욱 주를 닮아가며 섬기기 원한다고 고백해야 합니다.

내 인생에서 가장 기억하고 싶은 순간이 언제입니까? 영원히 내 속에 담아두고 싶은 순간이 언제입니까? 시험받는 것이 잘못된 것이 아니라 그 시험과 유혹에 어떻게 승리하고 신앙인의 삶을 사느냐가 우리의 문제입니다. 바로 주님께서 시험받으셨지만 승리하셨듯이, 내가 어려움에 처한 때가, 시험받을 때가, 나를 그의 길로 인도하실 때라고 고백하게 합니다.

하나님의 역사는 내가 할 수 있다, 내가 하겠다는 유혹에서 벗어날 때 시작됩니다. 벗어날 수 있는 길은 오직 하나님의 사랑을 만날 때입니다. 오늘도 작은 개척교회에서 기도하고 있는 나에게 그러합니다. 내가 교회를 개척하는 것이 아니라 하나님께서 하십니다. 바로 이 교회를 통하여 사랑하는 영혼들을 모으시고 꼴을 먹이실 것입니다. 그것이 크고 화려하든지, 혹은 거친 광야이든지 오직 하나님께서 하신다면 모든 것이 은혜입니다. 그 길에 나의 사명이 있습니다. 그 곳에 내가 쓰임 받는 역사가 있습니다.

제 6장   한 영혼이 소중합니다

너희 생각에는 어떠하냐
만일 어떤 사람이 양 백 마리가 있는데
그 중의 하나가 길을 잃었으면
그 아흔아홉 마리를 산에 두고 가서
길 잃은 양을 찾지 않겠느냐
진실로 너희에게 이르노니
만일 찾으면 길을 잃지 아니한 아흔아홉 마리보다
이것을 더 기뻐하리라.
이와 같이 이 작은 자 중의 하나라도 잃는 것은
하늘에 계신 너희 아버지의 뜻이 아니니라.
(마 18:12~14)

97점 받아도 부족합니다

개척을 시작하면서 내 인생의 점수를 생각해 보았습니다. 나는 공부는 몇 점짜리이고, 가장으로는 몇 점이며, 남편으로는 어떠하고, 목사로는 몇 점일까? 그러다 기도했습니다. "하나님, 이제 개척을 시작한 나를 97점짜리 목사로 만들어 주옵소서." 참으로 나의 모습에서는 가당치도 않은 제목입니다. 그런데 다른 목사님과 이야기를 나누다 알게 된 것이 있습니다. 현재 교단마다 차이는 있지만 대체로 일 년에 100개 교회가 개척되면 1개만이 남는다고 말입니다. 97점짜리로는 교회를 이끌 수 없고 적어도 99점은 받아야 된다는 사실에 나의 기도 제목은 바뀌어야만 했습니다.

세상에서는 교회가 많다고 합니다. 그러나 포털사이트에서 찾아보면 서울에 점집이 교회보다 많습니다. PC방이 교회보다 많습니다. 물론 비교의 대상으로 적절치 못하다고도 할 수 있지만 엄연한 현실입니다. 80년대까지 한국 교회는 성장의 부푼 가슴을 안고 양적 성장에 목말라했습니다. 25%를 넘어설 것이라고 했지만 24%에서 줄기 시작하여 이제는 18% 정도라고 합니다. 게다가 유독 개신교에 대하여 차갑다는 지역, 그래서 목회자들 사이에서는 개척교회의 무덤이라고 불리는 곳에 나는 기도했노라고, 응답받았노라고 감히 개척을 시작했습니다.

지난 1년 반 동안 우리 교회 앞에 있는 교회는 10년이 되었지만 문을 닫았습니다. 첫 해 성탄절이 다가올 때였습니다. 교인들은 12월 24일 저녁, 교회에 모이자고 했습니다. 나는 가족들과 오붓이 보내라고 하며 10대, 20대 자녀들이 누가 부모와 함께 크리스마스이브에 교회를 오고 싶겠냐고 했습니다. 그러나 모두가 모이기를 원한다고 했고, 우리는 모든 가족들이 함께 모였습니다. 서로가 준비한 음식으로 저녁을 나누고, 성찬식이 아닌 성찬예배를 드리고, 이어서 가족별 찬양대회를 하며 가정마다 준비한 성탄 선물을 교환하고 늦게까지 함께 기뻐했습니다.

그런데 얼마 뒤, 우리 교회 앞에 있는 한 작은 교회의 소식을 듣고 모두가 마음이 무거웠습니다. 목사님은 더 이상 교회를 지탱할 재정과 여력이 없어지자 성탄 이브 날 저녁, 조용히 교회를 떠났고, 그 교회 신자들은 두어 주, 주일 날 교회 앞을 서성이다 사라졌습니다. 우리는 즐겁게 예수님 오심을 기뻐하고, 대형교회라면 하기 어려운 성찬예배까지 드리며 지내던 그 시간에 말입니다. 미리 알았더라면 자신들이 나갈 교회를 찾을 때까지 만이라도 함께 예배하고 나누었으면 좋았을 것이라는 생각에 나만이 아니라 모든 교우들이 찹찹했습니다.

충격 받았을 그 교회 교인들을 수소문 해보았지만 인근 교회에서는 그들을 찾을 수 없었습니다. 그들은 그렇게 또 다시 세상 속에 흩어졌습니다. 이어 그 교회는 다른 목사님으로 바뀌는 가운데 교회 이름이 세 번 바뀌었어도, 아직 아무도 없는 빈 교회로 있습니다. 그리고 교회 앞을 나가 걷다보면 여기저기에 뒹구는 전도지들이 눈에 들어오는 차가운 곳입니다.

병원의 의사들도 자조적인 소리를 합니다. 병원을 개업하면 어지간히 큰 규모로 하지 않는 한, 문을 닫는다고 합니다. 사람들이 대형병원으로만 간다고 합니다. 매스컴에 나온 어느 의사는 유명세로 인해 임대료만 올라가고 감당할 수 없어 폐업했다고도 합니다. 교회도 대형교회가 아니면 갈 필요가 없다고 합니다. 전도 대상자로 기도하고 있는 어느 가게 사

장님은 어느 날 나와 아내에게 말했습니다. 손님 중에 어느 분과 대화하다가 교회에 간다면 우리 교회에 가겠노라고 했더니, 그분이 개척교회, 작은 교회에는 갈 필요 없다고 말했답니다.

물론 그 교회 목사님이 그렇게 가르쳤으리라고 생각하지 않습니다. 요사이 신자들의 평범한 생각일 뿐입니다. 비슷한 것이 하나 더 있습니다. 동네 빵집입니다. 대형 회사들이 체인점을 내면서 동네의 빵집들이 문을 닫는다고 항의가 거셉니다. 그런데 나는 그런 생각을 합니다. 동네 빵집도 맛있게만 만들면 누가 싫다고 할까? 재료 구입에서부터 차이가 심해 그럴 수밖에 없겠지만, 솔직히 대부분의 동네 빵집의 빵이 체인점 빵집의 빵보다 맛이 덜합니다. 작은 교회, 개척교회도 그런 평가를 받으면 고전할 수밖에 없을 것입니다. 하지만 맛집을 보면 큰 음식점도 있지만, 의외로 작고 낡은 가게의 맛집들이 즐비합니다. 그러면 나의 교회는 어느 것으로 사람들에게 소개할까요? 방법이 아니라 내용물 그 자체에서 찾아야 한다는 고민이 기도제목입니다.

숫자가 중요할까요?

마태복음 18장에 잃은 양 한 마리에 대한 비유가 나옵니다.

> "너희 생각에는 어떠하냐? 만일 어떤 사람이 양 백 마리가 있
> 는데 그 중의 하나가 길을 잃었으면 그 아흔아홉 마리를 산에
> 두고 가서 길 잃은 양을 찾지 않겠느냐?" (마 18:12)

많은 이들이 이 말씀을 대할 때 99:1이라는 개념에서 어려워합니다. 교회들의 설명도 시원하지 못한 경우가 태반입니다. 그 이유는 숫자에 대한 욕심 때문입니다. 우리는 많은 것, 더 나은 것, 더 편한 것 등에 목이 매여 삽니다. 지금은 풍요 속에 우리가 더 좋은 것을 찾는다는 것은 절대적인 빈곤의 문제라기보다 상대적인 빈곤, 남과 비교해 볼 때 느끼는 감정들로 인해 스스로가 망가지고 비참해지는 현실입니다. 옆집이 명품 소파를 들여놓으면 그 아파트 동 전체가 소파를 바꾸기 시작합니다. 광고도 이 정도는 있어야 한다고 부추기면 멀쩡한 가전제품도 팔고 새로 장만합니다. 대표적인 것이 핸드폰입니다. 작은 것이지만 가만히 생각해

보면 핸드폰 한 대는 대형 냉장고에 버금가는 가격입니다. 그래도 비교되는 그 무엇 때문에 우리는 늘 새 핸드폰을 찾습니다. 물론 편리하고 재미있습니다. 공짜라고 선전하지만 사실 내야하는 요금에 기기 값이 포함되어 지출이 늘어나지만 사람들은 당연하게 여기며 교체합니다.

그런 가운데 잃은 양에 대하여 믿는 자, 올바르게 신앙생활을 한다고 여기는 사람들은 항변합니다. 아니 그 한 마리 잃은 양 때문에 나는 놔두고 찾으러 가신다는 말입니까? 나를 위하신다는 그 분이 그럴 수 있습니까? 내어 놓고 말은 못해도 불편한 심사들을 가집니다.

나는 이 문제를 두 가지 관점에서 봅니다.

첫째로, 이 비유의 초점은 그리스도께서 좋은 교사는 자기가 맡은 자들을 잘 양육함과 같이 똑같은 심정과 노력으로 잃어버린 자들이 돌아오기에 수고하는 자라는 곳에 있습니다. 다시 말해 목사나 그리고 신앙에 먼저 된 사람은 교회에 나오는 자들을 잘 양육하고 함께할 뿐만 아니라 그들 중에 과오가 있는 자들에 대해서도 참을성을 가지고 그릇된 길로 나아가는 자들을 옳은 길로 되돌려 놓기에 경주해야 한다는 말씀입니다.

그들이 때로는 이탈할지라도 하나님께서 자기 아들을 그들의 목자로 세우신 양이 아닙니까? 그것도 피 값으로 사신 소중한 양입니다. 그러니 그들이 방황할 때 데려와야 하고 그들을 몰아내거나 쫓아내는 몰인정을 보여서는 안 된다는 엄중한 가르침입니다. 그래서 하나님께서 구원하기 원하시는 자들을 우리가 잃지 않도록 주의해야 한다는 요지의 말씀을 제자들에게 주셨습니다.

숫자는 중요한 것이 아닙니다. 마태복음 7장 13절에서 주님께서는 좁은 문으로 들어가라고 하신 것을 보면 사실 99:1은 반대의 경우가 현실입니다. 실제로는 99이 잃은 양입니다. 왜냐하면 좁은 문으로 들어가려는 영혼보다는 넓고 편하고 안락한 길을 찾으려는 사람들이 더 많기 때문입니다.

그렇다면 주님께서 우리를 죄수처럼 사슬에 묶어서라도 우리의 생활을 강제로 좁은 길로 끌고 가고 일반 사람들로부터 우리를 격리시켜 놓으시면 어떨까요? 분명한 것은 좁은 문으로 들어가는 자는 적기에 일반 사람들과는 달리 생명의 빛 된 자녀들은 확연히 구분될 수밖에 없습니다. 그러나 억지로 끌고 가시는 강제성이 아니라 텅 빈 십자가의 주님은 또 다시 참음으로 끝까지 이해해 주시면서 옳은 길로 인도하고자 하십니다. 그렇게 사람을 사랑하시는 주님의 마음은 정말 바보입니다. 끝까지 그래도 좋다고 사랑하신다는 바보 같은 사랑 말입니다. 그래서일까요, 사도 바울은 사랑은 오래 참는 것이라고 사랑에 대한 정의를 시작했습니다. 그렇게 분리된 소수의 사람들, 그것이 교회입니다. 그래서 교회에 참석하는 사람들의 숫자가 적은 것과 생명이 없는 것과는 별개의 문제입니다. 아니 생명은 오히려 남들이 돌아보지 않고 피하고 싶은 적은 수에 있습니다.

문제는 오늘날의 교회입니다

교회가 많습니다. 많아도 너무 많습니다. 밤에 베란다를 내다보면 온통 십자가만이 수놓고 있는 것이 우리나라의 모습입니다. 그리고 목사님들도 참 많습니다. 신앙 좋다는 장로님, 권사님, 집사님들도 넘칩니다. 그러나 한 영혼에 대해 소중하다고 말들은 하지만 실제로 간절함으로 그들을 찾고 보살피는 교회는 갈수록 적어지는 듯 보입니다. 옛날에는 목사라고 하면 다 수긍하고 말에 귀를 기울였지만 이제는 목사라고 해도 믿지 않습니다. 아니 목사라도 자기들과 다를 바 없다고 여기기에 좋은 권면을 해도 속이지 말라고 합니다.

그런데 생각해 봅니다. 사실 평신도는 누가 뭐라 해도 자기 교회와 자기 교회 목사가 세상에서 최고인줄로 믿습니다. 아니면 어떻게 그 교회로 나가겠습니까? 또 아무리 목사님을 신뢰할 수 없다고 해도 신자들은 자신들을 목양하는 목사님을 닮아갑니다. 행동이나 말버릇 정도만이 아니라 그의 신앙과 삶을 따라갑니다. 목사가 거짓말하는 자면 신자도 거짓말을 합니다. 목사가 그럴싸하게 겉모양만 치장하는 신앙으로 일관된다면 신자들도 겉만 그럴싸한 신앙으로 양육됩니다. 좋은 목사 만나 신앙생활 하는 것, 너무도 중요한 문제입니다. 그래서 오늘의 본문에서 예수님은 안타까움에 99:1이라는 극단적인 표현을 통해 바르게 목양하라고, 바르게 신앙으로 사람들을 아우르라고 권면하고 계십니다.

교회나 목회자는 바로 한 영혼을 소중하게 여기고 옳은 길로 그를 인도해야 하는 책임을 우리 주님으로부터 받은 자입니다. 우리 주님께서는 한 사람, 한 사람이, 그 영혼이 너무도 소중하고, 각별히 사랑하시기에 자신의 모든 것을 주시고 계십니다. 그 마음, 그 심정이 있는 곳에 바로 내가, 목회자가 같은 마음을 품고 있어야 합니다. 언제까지고 돌아오기까지, 돌아와서 그 영혼이 살아나고 생명이 넘치기를 소원하는 그 마음과 눈과 발길을 바로 교회와 목회자가 가져야 하는 모습입니다.

둘째로, 숫자에 대한 집착과 잃은 양에 대한 해석의 어려움은 사실 제3자의 시각에서 보는 곳에서부터 출발합니다. 당사자이신 예수님의 마음, 간절하신 소망과 그 사랑에 초점을 두어 잃은 양 한 마리를 바라본다면 우리는 이의를 제기할 수 없을 것입니다. 오늘날 많은 교인들과 교회들이 크기만을 원합니다. 그래야 나의 익명성이 보장되고, 그래야 내가 귀찮은 헌금에 대한 부담감을 덜 수 있고, 나의 품위를 지키고 내 마음에 흡족하기 때문입니다. 물론 커도 얼마든지 좋은 교회가 있습니다. 대형교회를 다닌다고 모두가 잘못된 신자일 수도 없습니다. 그러나 한 영혼에 대해 간절함으로 사랑하는 교회와 목회자들을 찾기 어려운 것도 사실입니다. 나 역시 한때는 99:1이 시원하게 이해되지 않았습니다. 그러나 예수님의 사랑하심, 그 사랑에 잠기어 보게 될 때 다른 나라가 보이기 시작했습니다.

한 사람을 위해서라도 교회는 있어야 합니다

교회를 개척하면서 어느 가정을 염두에 두고 아늑한 자모실까지 만들었습니다. 그 가정은 곧 아이가 태어날 가정이었기 때문입니다. 그리고 그 아이가 첫 세례자가 될 것이라 여겼습니다. 그러나 하나님의 나라는 우리의 생각과는 다릅니다. 그 가정은 새로 시작하는 사업에 관심이 집중되었고, 전도하는 분도 처음 전도해 보는 관계였는지 적극적이지는 않았습니다. 결국 그 가정과 아이가 교회에 오지 않았습니다. 처음 교회 터를 계약하고 나는 매일 저녁 공사 중인 교회 터에서 창밖의 아파트단지를 보며 이곳에 올 사람들을 허락해 달라고 기도했습니다. 그러던 중, 어느 노 권사님께서 남편 되시는 할아버지와 함께 오셨습니다. 그 권사님은 수술을 받으시고 회복 단계라 교회를 가고 싶은데 먼 곳은 엄두를 내지 못하던 중, 집 베란다에서 맞은편에 보이는 교회를 보시고 찾아오셨답니다. 바로 기도하며 바라보던 그 아파트였습니다. 남편 되시는 할아버지는 할머니를 걱정하시며 부축하시고 참석하셨습니다.

그런데 할아버지는 귀가 거의 들리지 않습니다. 그분에게는 예배드리는 한 시간이 얼마나 괴로운 고문이었을까요? 그렇게 시간이 지나던 어느 날, 새벽 기도 중에 할아버지에게 세례를 행해야겠다는 마음이 일었습니다. 다시금 할아버지를 살펴보니, 교회에 오실 때마다 먼저 주보를 보시며 성경과 찬송을 찾아 읽어 보십니다. 지난 주 설교를 갈급한 표정으로 정독하십니다. 댁에 방문해 보면 댁에서도 성경을 읽으시고, 내가 가면 먼저 상을 펴시고 말씀을 달라고 하십니다. 주일 예배와는 달리 아내가 옆에서 필답으로 실시간 말씀을 전달해 주기 때문입니다. 그리고 그 할아버지는 자신이 원하는 것이 아니라 개척교회를 위하여 매일 기도하십니다. 그런 분에게 세례를 베푸는 것은 합당한 일이 아닐까요? 더욱 놀라운 것은 그 할아버지는 할머니께서 교회 나가시는 것을 젊으실 때부터 그토록 반대하셨고, 자녀들까지 교회 나가자 성경을 내던지시며 역정을 내셨던 분이셨습니다. 가족들이 교회 가려면 엄청난 핍박을 하시며 막으셨던 분이시랍니다.

드디어 세례문답을 마치고 세례식을 거행하던 주일날, 그분의 자녀들이 지방에서부터 모두 올라와 기뻐하며 함께했습니다. 자식들이 아버지의 영적 생일이 생겼다고 좋아합니다. 따님들은 돌아가실 때에나 믿으실까 하던 일이 현실이 되었다고 눈물을 흘립니다. 할아버지도 만면에 웃음이 가득하시며 자녀들을 바라봅니다. 예배 후, 모든 교인들과 즐겁게 인사 나누시고 교제합니다. 식사를 나누며 첫째 아드님은 나에게 말합니다. 이곳에 교회가 없었다면 할아버지는커녕 할머니 권사님도 교회에 나오지 못하셨을 것이라고 하나님께 감사드린다고 말입니다. 나는 오랜만에 가족들이 함께 모여 아버지의 수세를 축하하는 모습을 보았습니다.

이렇게 1년 반 만에 교회의 첫 수세자가 생겼습니다. 그들의 기뻐하는 모습을 보며 나 역시 얼마나 눈물이 맺혔는지 모릅니다. 바로 그 한 사람을 위해서라도 교회는 있어야 했습니다. 예수님께서는 바로 그 한 사람을 위하여 사랑하신다며 애타게 찾으시기 때문입니다. 하나님의 애절하신 사랑하심이 잃은 양 한 마리의 비유입니다. 구태여 숫자에 집착하더라도 99:1은 그만큼 소중한 영혼에 대한 간절하심의 표현입니다. 그분의 세례를 바라보시는 예수님은 얼마나 기뻐 우실까요?

교회가 큰 것이 능사가 아니라 이렇게 한 영혼이 하늘나라에 기록되는 것을 보게 될 때, 감사가 있습니다. 갈급한 심령, 꼭 하나님을 만나야 하는 이들에게 빛이 되는 교회요, 쓰임 받는다면 족합니다. 오늘도 나는 아무도 없을지라도 교회의 예배를 지키겠노라 각오를 다집니다. 나는 좋은 세미나와 목양 수련회가 있어서 가고 싶은 경우도 있지만 바로 한 사람을 위해서라도 새벽에 교회문을 엽니다. 수많은 프로그램과 방법들이 많지만 오직 예수님의 사랑, 한결같으신 그 사랑이 나를 움직입니다. 나에게 준비된 음식이 있다면, 그리고 사람들에게 전할 것이 있다면 오직 예수님의 사랑뿐입니다. 화살에 맞아 피를 흘리며 쓰러진 사람이 있다고 합시다. 그를 보고 화살 맞은 사람을 치료하는 사람과 그 화살이 날아온 궤도와 시간을 논하는 사람이 있다면, 그 중에 사랑하는 사람은 치료하는 사람이지 않겠습니까? 예수님의 사랑은 이론이 아니라 나의 전부를 걸고 실천할 수밖에 없는 애달픈 사랑입니다. 비록 짝사랑이 되어도 바보처럼 사람들을 사랑하시는 하나님의 사랑입니다.

삭개오는 상처투성이였습니다

그렇게 이론이나 비유가 아니라 잃은 양 한 마리를 찾으시는 주님의 실제 모습이 있습니다. 누가복음 19장 2절을 보면 삭개오는 세리 중에서도 세리장이며, 부자였다고 합니다. 당시 세리라는 직업은 일반 공무원이 아닙니다. 할당된 세금을 모아서 정부에 바치고, 남은 부분으로 월급을 삼았습니다. 그러다 보니 이스라엘 백성들에게 세리란 원수에게 빌붙어 사는 사람이요, 동족의 피를 빨아먹는 매국노입니다. 동족이지만 아무도 그를 상종하지 않습니다. 상종을 한다면 그의 힘과 권력 앞에서 무릎 꿇는 경우였을 것입니다. 그래서 부자라고 토를 다는 것은 그만큼 사람들로부터 착취한 질 나쁜 사람이라는 의미입니다. 모두가 욕하고 등돌리는 사람, 그것이 세리입니다.

삭개오는 그 중에서도 가장 높은 자리에 있는 사람입니다. 그러니 그런 삭개오에게 희망이 있다면 오직 돈이었을 것입니다. 우리 옛말에 개같이 벌어 정승처럼 쓴다고 합니다. 삭개오는 그렇게 돈을 모으면 모욕

쯤은 감수할 수 있다고 여겼을 것입니다. 일을 하며, 모욕을 받을수록, 상처가 깊어질수록 그는 악착같이 돈을 긁어모았을 것입니다. 거기에다가 삭개오는 신체적 약점도 있었습니다. 키까지 작습니다. 키만 작다가가 아니라 키도 작다는 비웃음까지 감수해야 했습니다. 삭개오처럼 키가 작다는 것이 신체적 약점이 되는 사람이 그것을 무마하려면 남보다 더 많이 가져야 할 것입니다. 그렇게 일만 하고, 인내하며 부자라는 평가를 받는 삭개오였지만 그 마음에는 상처와 외로움이 가득했을 것입니다. 모두가 피하고 곁에 오는 사람도 없으니 구경났다고 길에 나갔지만 볼 방도가 없어서 동네 어귀에 있는 큰 나무 위에 올라갔습니다. 그래도 나는 출세했고, 가진 것이 있다고 자위하면서 말입니다.

예수님을 만나면 달라집니다

그는 특별히 예수님을 만나야겠다는 생각은 없었습니다. 단지 그 유명하신 분이 온다니까, 마치 연예인이 왔다는 것처럼 그를 보기 위해 나갔을 뿐입니다. 많은 이들이 생각합니다. 예수 믿으려면 뭐가 필요하다, 축복받으려면 교회에 더 나가든지, 기도를 더 하든지, 뭔가 남들보다 다르게 행동해야 한다고 말합니다. 그러나 무엇이 사전에 정지 작업으로 존재하는 것이 아니라 예수님께서 찾으시고 만나 주셔야만 축복이 있습니다. 내가 하는 것들로 축복이 오는 것이 아닙니다. 내가 하는 것으로는 세상의 눈에 만족을 주거나, 시샘을 받거나, 비판을 받는 것에 불과합니다. 그래도 사람들은 세상의 눈만을 의식하며 삽니다. 하지만 오직 주님만이 나에게 소망을 주십니다. 예수님은 그렇게 나무 위에 있는 삭개오를 보시고 부르셨습니다.

> "예수께서 그 곳에 이르사 쳐다 보시고 이르시되, 삭개오야,
> 속히 내려오라. 내가 오늘 네 집에 유하여야 하겠다 하시니"
> (눅 19:5)

가만히 보면 예수님께서 그의 이름을 부르며 그의 집에 가시겠다고 하십니다. 예수님의 최측근 보좌관이 미리 정보를 주고 일정을 잡은 것이 아닌데, 예수님이 그의 이름을 아셨다는 것을 주목해야 합니다. 그것은 예수님께서 갈릴리에서 여리고로 먼 길을 오시며 자신이 만날 사람을 이미 작정하신 것입니다. 얼마나 삭개오가 놀랐을까요? 그 분이 자기의 이름을 부르시고 집에 가시겠다고 하시니, 초청할 엄두도 내지 못하고 그냥 구경하러 나온 삭개오였는데 말입니다. 6절에서 삭개오는 즐거워서 예수님을 영접했다고 합니다. 이렇게 예수님을 만나는 길은 내가 무엇을 해야만 하는 것이 아니라, 바로 주님께서 나를 찾으신다는 것을 인정할 때 일어납니다. 예수님을 진정 만나는 사람은 누가 뭐라 해도 자기가 하고 싶어 기꺼이 주님을 섬기게 되어 있습니다. 우리교회도 개척교회라고 하지만 자원의 원칙을 표명합니다. 예수님을 인격적으로 만나서 즐거워하고 무엇인가 하고 싶은 사람이 교회의 일을 할 수 있도록 배려합니다. 힘들어서, 억지로 하는 것은 믿는 자의 모습이 아닙니다.

오히려 그렇지 못한 사람들이 수군거립니다. 죄인에게 예수님께서 가

시고 함께 어울리신다고 말입니다. 뭔가 해야만 신자라고 여기는 사람들에게는 그렇게 따라하지 못하는 사람들이 죄인일 뿐입니다. 그런 관계가 익숙해지고 나면 누가 뭐라 해도 금방 상처받고 상처 주며, 인식하지 못하는 가운데 습관이 됩니다. 그러나 상처는 다른 사람들 때문에 받는 것이 아니라 예수님을 만나지 못했기 때문에 생겨납니다. 삭개오에게 수군거림과 비웃음, 그리고 조롱은 익숙한 현상입니다. 그러나 그는 즐거웠습니다. 왜냐하면 예수님을 모시는 영광과 프라이드를 가질 수 있기 때문입니다. 당대 최고의 스타를 모실 기회를 얻은 삭개오의 심정은 이루 말할 수 없었을 것입니다. 그에게 있었던 치욕과 상처는 이제 더 이상 문제가 되지 않습니다. 세상이 말하는 유명 인사가 아닌 바로 진정한 슈퍼스타 주님을 모실 수 있기 때문입니다. 그분이 내 이름을 아시고 부르셨기 때문입니다.

사람들의 수군거림과 야유를 들은 삭개오는 새로운 반응을 보입니다. 삭개오는 예수님께 사람들의 야유 가운데 말했습니다.

> "삭개오가 서서 주께 여짜오되, 주여 보시옵소서. 내 소유의
> 절반을 가난한 자들에게 주겠사오며 만일 누구의 것을 속여
> 빼앗은 일이 있으면 네 갑절이나 갚겠나이다." (눅 19:8)

삭개오가 사람들 앞에서 자기가 이렇게 살겠노라고, 그러니 이제는 전과는 다르다고 말하는 모습입니다. 주님을 만나본 사람이면 압니다. 나로 인해 함께 수군거림을 받아야 하시는 주님을 생각하면 내 마음이 견딜 수 없다는 것을 말입니다.

나를 분노하게 하는 것이 하나 있습니다. 그것은 기독교를 개독으로 표현하는 경우입니다. 전에 어느 교회에서 설교 도중에 그런 말을 했습니다. 누가 자기 부모에게 '개'자를 붙여 부르면 당신은 가만히 있고 참겠냐고 말입니다. 우리가 하나님을 아버지라고 부르는데 예수님께 욕이 돌아오고 있는 상황에서 어떻게 하겠냐는 이야기였습니다. 기독교의 진리대로라면 분명히 참고, 인내하고 용납해야 합니다. 그래서인지는 몰라도 우리나라에 깊은 영성을 가진 분들이 넘치고 아무도 반응하지 않는 것 같습니다. 물론 같이 맞대응하며 반응하는 것이 현명한 처사는 아닙니다. 그러나 거룩한 분노와 견딜 수 없는 슬픔이 삭개오처럼 나를 움직이게 해야 합니다.

나에게 기쁨을 허락하시고, 나에게 소망을 주시고, 나에게 믿음을 주시려고 찾아오시는 주님을 만나면, 나는 인생이 바뀝니다. 세상의 로또가 아니라 영원한 하늘의 보화를 소유하게 됩니다. 모든 것에 담대하며 모든 것에 자신 있으며 모든 것에 적극적으로 임하게 됩니다. 그의 변화는 단지 영적인 변화로 그치는 것이 아니라 인생이 변화되는 시발점입니다. 예수님을 진정으로 만나게 되면, 주님이 나의 영적인 것만을 터치하시는 것이 아니라 나의 모든 것을 변화시켜 주심을 받아들이게 됩니다. 믿음은 영적인 것이기 때문에 세상은 세상의 방법으로 살아야 하고, 예수님을 따르는 것은 교회에서만 그렇다고 하는 것이 아니라 세상을 향해 자기의 변화를 결단하고 시인하게 됩니다. 오직 주님께 인정받고 사랑받는다는 기쁨이 나로 하여금 문제에 맞서게 합니다. 세상을 피하거나 숨어서 교회 안에서만 행세하는 신자가 아니라, 언제 어느 곳에서든지 용기 있게 결단하게 됩니다. 더구나 그렇게 예수님의 사랑을 절실히 깨달게 된 사람은 그분의 사랑이 향하는 곳을 함께 주목할 수밖에 없기 때문입니다.

바로 한 사람을 찾으시는 분

이러한 삭개오를 향해, 그리고 모든 이들 앞에서 예수님께서는 그에게 구원이 임하였다고 선언하십니다. 그가 믿음의 사람이라고 말입니다. 그래서 아브라함의 자손이라고 하십니다. 세상 사람들에게 삭개오는 매국노가 아니라 진정한 이스라엘 사람이라고 말입니다. 세상의 환란이 내게 엄습할 때에도 "환란아, 내게 오너라!" 복음성가처럼 외치는 자에게 주님은 구원을 허락하시고 인생을 바꾸어 주십니다.

"인자가 온 것은 잃어버린 자를 찾아 구원하려 함이니라." (눅 19:10)

주님은 분명 세상을 구하시기 위하여 우리 모든 인류에게 참 자유와 안식을 주시기 위하여 오셨습니다. 그러나 그분의 간절하심은 오직 한 사람, 잃어버린 양 한 마리를 찾으시는 심정이십니다. 여리고에 오신 예수님, 그분이 그 먼 길을 마다 않고 여리고에 오신 이유는 오직 한 사람, 세상에서 버림받고, 세상에서는 출세했다고 여겨지는, 그러나 세상으로부터 상처받아 외로운 사람을 찾고자 하심입니다. 그렇게 한 사람을 찾으시는 하나님, 바보 같아 보여도 온전하신 사랑이십니다. 그 사랑 때문에 오늘 내가 개척교회 목사로 있습니다. 모두가 지나쳐버릴 수 있는 한 영혼을 위해 교회는 오늘도 세워지고 있습니다. 바로 주님의 한결같은 사랑 때문에.

제 7장 능하지 못할 일이 있겠느냐

아브라함과 사라는 나이가 많아 늙었고
사라에게는 여성의 생리가 끊어졌는지라.
사라가 속으로 웃고 이르되 내가 노쇠하였고
내 주인도 늙었으니 내게 무슨 즐거움이 있으리요.
여호와께서 아브라함에게 이르시되
사라가 왜 웃으며 이르기를 내가 늙었거늘
어떻게 아들을 낳으리요 하느냐
여호와께 능하지 못한 일이 있겠느냐
기한이 이를 때에 내가 네게로 돌아오리니
사라에게 아들이 있으리라.

(창 18:11~14)

씨앗의 비밀

더운 날씨의 여름에 소나기가 오는 날, 원두막에 앉아서 수박을 먹으면 너무도 시원할 것 같고 정겨울 것 같습니다. 수박을 먹으며 '씨 뱉기' 시합도 하고, 가족들이 둘러 앉아 이야기 나누고, 또 서리도 하고 친구들과 어울려 먹으며 시간 가는 줄 모르던 그런 여름이 기억에 가물거립니다. 이제는 그런 건 모르더라도 여름은 선풍기 틀어 놓고, 에어컨 아래서 한 조각 베어 무는 수박이 달콤한 계절이지요. 미국에서는 설탕 수박이니 꿀수박이니 하면서 파는 것을 아무리 사 보아도 우리나라 수박 같은 맛은 없습니다. 미국 친구들에게 꼭 우리나라 수박 사 주고 싶을 정도로 말입니다. 그래도 그들 역시 여름에 수박을 좋아합니다.

이런 수박에 대해 미국의 정치가인 윌리엄 제닝스 브라이언은 다음과 같은 글을 남겼습니다.

"나는 수박씨의 힘을 관찰한 적이 있습니다. 수박씨에는 흙을 밀어젖히고 나오는 강력한 힘이 있습니다. 수박씨는 씨앗인 자기의 무게보다 약 20만 배나 더 무거운 흙을 뚫고 나와 자랍니다. 작은 수박씨가 어떻게 이런 강력한 힘을 내어 견고한 지표를 뚫고 올라오는지는 도저히 알 수 없는 신비입니다. 또한 그 씨 안에는 사람들이 도저히 모방할 수 없는 초록색 껍질과 일정 간격으로 배열된 검은색 줄무늬, 수박 열매를 보호하는 하얀 속, 당분이 많아 먹으면 청량감을 주는 붉은 속, 그리고 검은 씨가 촘촘히 박히도록 하는 일정한 프로그램이 정확하게 기록되어 있습니다."

그렇다면 말입니다. 수박씨에게 그런 힘이 있다면, 주님의 말씀 안에는 수박씨와는 비교할 수도 없는 능력이 담겨 있지 않겠습니까? 예수님께서는 겨자씨의 비유로 다음과 같이 말씀하셨습니다.

> "그러므로 예수께서 이르시되 하나님의 나라가 무엇과 같을까 내가 무엇으로 비교할까? 마치 사람이 자기 채소밭에 갖다 심은 겨자씨 한 알 같으니 자라 나무가 되어 공중의 새들이 그 가지에 깃들였느니라." (눅 13:18~19)

하나님 나라의 비밀은 씨앗과 같다는 말입니다. 그 비밀은 나 혼자만의 성장이 아니라 다른 이들도 쉼을 얻게 할 만큼 넉넉한 나눔의 역사입니다. 그러나 주님의 능력의 말씀도 믿음의 문이 닫혀 있다면 성장이나 열매를 맺을 수 없습니다. 말씀에 순종하려는 마음은 말씀의 능력을 여는 열쇠입니다. 말씀을 믿음으로 받아 온전히 순종할 때, 말씀 안에 숨어 있는 놀라운 신비를 경험할 것입니다. 교회는 더욱 그렇게 되어야 합니다. 할 수만 있다면 나누어 주는 교회, 찾아오는 사람들에게 작은 것 하나라도 더 주는 교회 말입니다. 인색해진 교회들은 말씀을 준다고 하고 베풀기를 거절합니다. 말씀을 핑계로 물질이나 현실적인 문제들을 이웃과 나누지 않습니다. 교회에 필요한 것만으로도 써야 할 것이 넘친다고 주머니를 닫습니다. 그러다 어색하게 일부를 지역사회와 나눌 것이라고 선전하기도 합니다.

세상에서도 가난한 사람들이 나눔의 기적을 실천하는 예는 흔합니다. 그들의 공통점은 단 하나, 넉넉함입니다. 세상의 부요함이 아니라 자기의 마음가짐입니다. 교회는 그 넉넉함이 하나님의 사랑으로 말미암습니다. 없어도 자식에게는 주고 싶어 하는 부모의 심정처럼, 달라고만 보채는 이에게 그래도 사랑을 주고 싶어 하시는 하나님의 약함이 우리에게 넉넉함의 기초입니다.

어느 토요일 저녁 식사를 하다가 아내가 말했습니다. 가난한 개척교회라 재래시장에 가서 주일날 교인들 식사를 위해 조금이라도 싸게 장을 보고 장바구니를 들고 다니다 손목에 무리가 갔다고 말입니다. 병명이 화려합니다. 테니스 엘보는 알겠는데, 골프 엘보까지 겹쳤다고 합니다. 아내는 나를 만난 후로부터는 테니스 라켓조차 잡아보질 못했는데 말입니다. 생각해 보니 장을 보러 가면 항상 내가 동행하여 물건들을 들어주었는데, 이제는 나의 설교 준비를 위해 아내가 혼자 장을 보다 무리가 갔나봅니다. 그것도 주차시설이 없는 재래시장을 장바구니를 들고 걸어서 돌아다니다 얻은 병입니다.

아내는 그것도 좋은데 황당한 일이 있다고 말합니다. 나와 함께 오전에 전도지를 나누다, 사람들로부터 모멸감을 받은 경우를 말합니다. 또 교회는 오지 않으면서 사모님이니까 당연히 이런 일 해 주어야 하지 않느냐고 당당히 요구하는 사람들을 만나면 속상하다고 말입니다. 저의 대답은 간단합니다. "감사하세요. 당신이 지금 개척교회 사모이니까 누리는 행복입니다. 교수 사모면 누가 그렇게 할 수 있겠어요. 지금이니까 누릴 수 있는 십자가이니 감사하세요. 그래도 그냥 나누어 주세요. 당신에게는 십자가의 넉넉함이 있어요." 아내는 나의 말에 미소로 답합니다.

언약을 맺으신 하나님

어느 더운 날이었습니다. 아브라함이 마므레의 상수리나무들이 있는 곳에 장막을 치고 있을 때였습니다. 아브라함이 눈을 들어 보니 세 사람이 보였고, 그들에게 나아가 손님으로 그들을 초대했습니다. 그들이 발을 씻게 물을 떠오고 나무 아래에서 쉬도록 했습니다. 그리고 음식을 접대하며 마음이 상쾌하게 되면 출발하시라고 했습니다. 이에 그들은 아브라함의 거처에 왔습니다. 아브라함은 분주히 떡과 엉긴 젖, 우유, 하인이 요리한 송아지를 가져다가 그들 앞에 차려 놓고 나무 아래에 모셔서 먹게 했습니다. 그때 그들이 아브라함에게 그의 아내 사라가 어디 있느냐고 물었습니다. 아브라함은 장막에 있다고 대답했습니다.

창세기 18장 10절을 보면 "그가 이르시되 내년 이맘때 내가 반드시 네게로 돌아오리니 네 아내 사라에게 아들이 있으리라 하시니 사라가 그 뒤 장막 문에서 들었더라."고 기록합니다. 히브리서 13장 2절은 이에 대해 이렇게 설명합니다.

> "손님 대접하기를 잊지 말라 이로써 부지중에 천사들을 대접
> 한 이들이 있었느니라."

아브라함은 손님 대접하기를 좋아했고, 어려운 사람들을 돕는 것이 일상사였습니다. 그날도 그는 평소처럼 더운 여름 뙤약볕 아래서 나무 그늘에 장막을 치고 있다가 지나가는 이들을 접대했습니다. 그런데 그날은 조금 달랐습니다. 아니 엄청나게 달랐습니다. 자신은 평소처럼 손님

대접을 한 것이지만, 그들은 하나님께서 보내신 천사였습니다.

왜 하나님은 천사를 보내셨을까요? 그것은 당신께서 아브라함과 맺은 언약 때문입니다. 창세기 12장 2절에서 시작되는 아브라함의 부르심은 아브라함에게 "내가 너로 큰 민족을 이루고 네게 복을 주어 네 이름을 창대하게 하리니 너는 복이 될지라." 하나님은 그에게 축복의 약속을 하셨습니다. 그러나 아브라함은 하나님의 말씀대로 살던 터전을 박차고 떠나 하나님이 지시하는 땅으로 가며, 일생을 온갖 고난 가운데 지냈습니다. 먹고 살 것이 없어 이집트로 갔다가 아내를 빼앗기기도 하고 자신의 목숨이 두려워 아내라고 말하지도 못했습니다. 그 가운데 먹고 살만 해지니까 조카 롯은 독립하겠다고 떠나갑니다. 롯이 적의 손에 포로로 잡혀가게 되자 자기 식솔들을 무장시켜 데리고 가서 롯을 구출하기도 합니다. 정식 군대에 대항하여 민간인들이 전쟁했다는 말입니다.

얼마나 기구하고 험난한 삶의 여정입니까? 하지만 그 가운데 멜기세덱을 만나 하나님께 제물을 바칩니다. 모든 것이 감사하기 때문입니다. 그가 승리할 수 있었던 것이 하나님께서 함께하셨기 때문임을 체험했기 때문입니다. 아내는 아이를 낳지 못해 아내의 몸종 하갈을 통해 이스마엘을 낳았는데, 아내와 첩이 싸움 납니다. 바람 잘날 없는 가정입니다. 하나님께서 처음 그들을 부르실 때에 큰 민족을 이루게 해 주겠다고 했습니다. 믿고 따랐습니다. 그 때가 그의 나이 75세였습니다. 이제 그는 100세를 바라봅니다. 인생의 풍상을 겪으며 25여년이 흘렀습니다. 그런데도 민족은커녕 자식도 없습니다. 그런 그에게 하나님은 창세기 17장에서 여러 민족의 아버지가 되게 하시겠다고 재차 말씀하십니다. 아브라함도 어처구니가 없다고 여겨져 엎드려 웃었다고 17장 17절은 기록합니다.

그런데 하나님께서 다시 찾으신 것입니다. 왜 그런 건가요? 바로 하나님께서 언약을 아브라함과 맺으셨기에 신실하신 하나님은 그것을 이루어 주시려는 것입니다. 하나님은 변치 않으시고 말씀하신대로 모든 것이 그대로 이루어지는데 우리는 실상 하나님의 사랑과 약속을 따라가지 못하는 경우가 대다수일 뿐입니다. 보이는 것, 나에게 즐겁고 편한 것에 모든 시선이 집중되고 있기 때문입니다.

만족이 없는 인생에 넉넉함은 없습니다

우리가 하나님의 약속하심을 그대로 믿고 따른다고 생각하지만, 이루어지는 것을 받지 못하고 사는 이유는 간단합니다. 내 생각 때문입니다. 아브라함이 단순히 손님으로 생각하여 접대할 때, 사라는 그들의 대화를 들으며 생각합니다.

> "아브라함과 사라는 나이가 많아 늙었고 사라에게는 여성의
> 생리가 끊어졌는지라. 사라가 속으로 웃고 이르되 내가 노쇠
> 하였고 내 주인도 늙었으니 내게 무슨 즐거움이 있으리요."
> (창 18:11~12)

우리는 믿음을 가졌어도 곧잘 무너집니다. 신앙을 가졌어도 낙심합니다. 이유는 내 생각에 따라 세상을 살기 때문입니다. 내 생각에 될 수 없

다 판단되면 포기합니다. 하나님도 어찌할 수 없다고 여깁니다. 그래서 기도하지 않습니다. 기도는 오직 내가 가능하다고 여기는 것만을 합니다.

둘째, 만족이 없기 때문입니다. 내가 원하는 것, 내가 바라는 것, 그것만이 이루어져야 감사하다고들 합니다. 그러나 이루어져도 그런 사람은 감사하지 않습니다. 왜냐하면 그것이 아니라 다른 것을 보면 만족하지 못하기 때문입니다. 어느 것도 만족을 모르는 인생으로 평생을 살아갑니다. 생각해 보십시오. 이 모든 것, 하나님이 허락하신 것이라면 감사로 아멘하고 받아야 하는데 실제로 우리는 '에헤, 하나님 이건 아니지요.'라고 중얼거립니다. 그러다 보니 자식에게 만족하지 못합니다. 배우자에게 만족하지 못합니다. 자기 직업에 만족하지 못합니다. 즐기고 쉬고 놀아도 만족하지 못합니다. 사업에도 만족하지 못합니다. 심지어 자기 자신에게조차 만족하지 못합니다.

아이가 백점을 받아 와도 다음 공부를 말하며 다그칩니다. 만족하지 못하기 때문입니다. 배우자에 대해서도 "다 좋은데 자상하지 못하다, 자기 원하는 거 다 들어주지 않는다, 옆집 남자는, 뒷집 여자는" 그러고 싸우며 삽니다. 직장도 '보수가 적다, 상사가 밉다. 난 왜 이런 사업만 해야 하나, 크게 한 탕 벌지도 못하나?' 부정적인 생각이 꼬리를 뭅니다. 좋은 곳에 놀러가 맛있는 걸 먹고 즐겁게 쉬고 왔어도 한숨부터 쉽니다. '지긋지긋한 생활 또 해야 하나…' 그러다 보니 불만과 불평을 입에 달고 삽니다. 매일 갈등과 싸움의 연속이요, 푸는 방법이 고전적으로는 TV 연속극 시청입니다. 맛집을 찾아다닙니다. 이제는 너무 먹어 웰빙 푸드를 찾아다닙니다. 그리고 자기 모습에도 만족 못하니까 성형을 합니다. 자기보다는 다른 이들이 만족하지 못하니까 비교돼서라도 성형합니다.

셋째, 그러다보니 입으로도 추함이 넘쳐납니다. 만족은 못해도, 그래도 성경에 범사에 감사하라고 했으니 입만이라도 "감사합니다." 해야 하는데 그것마저도 힘듭니다. 입으로도 힘든 것은 먼저 그 마음에 판단하고 안 되는 방향으로 기울어가는 죄악의 뿌리가 있기 때문입니다. 아니면 체면상, 믿는다고 하니까 마음으로는 받아지지 않아도 앵무새처럼 그냥 감사합니다, 말한단 말입니다. 하지만 이렇게라도 되면 얼마나 좋을까요? 「감옥생활에서 찬송생활로」라고 하는 오래 된 신앙서적이 있습니다. 그 내용을 보면 감옥에 갇힌 주인공 자매가 기가 막히고 억울한 심정으로 지하 감옥에 들어갔습니다. 그때 언니가 동생에게 데살로니가전서의 감사하라는 말씀을 기억하며 입으로 "감사합니다." 시인하게 합니다. 동생은 입을 내밀며 볼멘소리로 "감사합니다."라고 했습니다. 그러나 결국엔 감사하게 되고 찬송하게 되었고 실제로 감사할 일들이 기적처럼 일어났다고 간증합니다. 입으로 시인해야 합니다. 마음만이 아니라 입만이라도 만족해야 합니다. 세상에서는 죽겠다, 안 된다, 어렵다, 이건 왜 이래라고 하는 사람에게는 그런 역사만이 계속 일어납니다. 머피의 법칙이라고도 하지 않습니까?

하나님이 이루십니다

그런데도 웃는 사라에게는 세상의 법칙과는 다른 일이 일어납니다.

마음에, 자기 생각에, 그리고 입으로도 방정맞게 하는데도 천사는 말씀 합니다.

> "여호와께서 아브라함에게 이르시되 사라가 왜 웃으며 이르기
> 를 내가 늙었거늘 어떻게 아들을 낳으리요 하느냐. 여호와께
> 능하지 못한 일이 있겠느냐? 기한이 이를 때에 내가 네게로
> 돌아오리니 사라에게 아들이 있으리라."(창 18:13~14)

하나님은 안 될 것이라고 웃어버리는 사라에게 재차 축복하십니다. 바로 사람을 사랑하시기 때문입니다. 하나님은 아브라함에게 "내년 이맘 때 내가 반드시 네게로 돌아오리니 네 아내 사라에게 아들이 있으리라." 고 사랑하시기에 약속하셨습니다. 여기서 내가 누구입니까? 하나님이십니다. 하나님께서 아브라함에게 오시겠다는 말씀입니다. 그때 사라에게 아들이 있겠다고 하셨습니다.

그러면 역으로 보십시오. 아브라함의 아내 사라에게 이삭이 잉태되었다고 하는 것, 이삭을 낳았다고 하는 것은 무엇을 증명합니까? 하나님이 오셨다는 겁니다. 하나님이 반드시 오리니 그 약속에 따라 누가 아들을 낳습니까? 늙은 사라가 낳는단 말입니다. 세상의 이치에서 벗어난 일이 일어난다는 말씀입니다. 그래서 아들이 이들에게 있다는 것, 하나님이 함께 하신다는 증거가 되었단 말입니다. 하나님의 무조건적이신 사랑이 우리에게는 구체적인 삶의 정황으로 표현됩니다.

우리의 판단과 생각과 부정하고 싶어 하는 죄의 쓴 뿌리에 대하여 하나님은 능하지 못할 일이 있겠느냐 물으십니다. 자신에게 물어보십시오.

정말 이 말씀이 믿어지십니까? 하나님께 능하지 못할 일이 있겠느냐? 믿어지십니까? 옆에 사는 집사님이 아니라 바로 내가 그렇게 믿어지냐 말입니다. 이 사실이 믿어지는 자야말로 엄청난 사람입니다. 하나님의 계획과 언약에 동참하는 약속의 사람이란 말입니다. 내가 이를 믿고 확신으로 고백한다면 하나님의 사랑하심을 시인해야 합니다. 그렇지 않고 만족하지 못하는 사람은 감사가 없는 사람은 뭐라 생각할까요? '기껏 한명. 어느 하 세월에 민족이 된다냐? 이게 아닌가 봐...'

우리는 우리의 삶 가운데서 뭐라고 입으로 시인하십니까? 내 마음과 내 입술에 붙은 것은 사단의 시인입니까? 하나님의 시인입니까? 하나님은 사람의 눈에 보이지 않습니다. 하나님께서 사랑하신다는 말씀도 어쩌면 지금 나에게 와 닿지 않을 수도 있습니다. 그러나 눈에 보이는 아들, 이삭을 낳는 것을 보면 그를 통해 밤의 별보다, 바다의 모래보다 많은 자손으로 주시겠다는 하나님의 약속을 사랑 가운데 받는 겁니다. 하나님의 사랑하심이 그에게 현실에서 나타나고 있습니다.

예수님께서는 마가복음 9장 23절에서 말씀하셨습니다.

"예수께서 이르시되 할 수 있거든이 무슨 말이냐 믿는 자에게는 능히 하지 못할 일이 없느니라."

믿는 자에게는 능하지 못함이 없다고 하십니다. 무엇을 믿는 자입니까? 바로 아브라함에게 하신 하나님의 약속을 믿는 자입니다. 하나님께서 그토록 강권하시는 역사, 비록 아브라함이 웃고, 사라가 웃고, 부정적으로 생각했어도 이루어 주시겠다고 찾아오신 하나님, 25년이 훨씬

지났어도 변치 않고 이루신 하나님, 그 하나님이 오늘 나에게도 이루어 주실 줄로 믿어야 합니다. 나 역시, 미련한 개척의 행보이지만 하나님의 사랑을 믿고 일합니다. 성경의 말씀은 진리요, 오늘도 살아 있는 하나님의 말씀이기 때문입니다.

하나님의 나라가 이루어집니다

그런 역사를 왜 하나님께서 약속하실까요? 에베소서 1장 4절은 말씀합니다.

> "곧 창세 전에 그리스도 안에서 우리를 택하사 우리로 사랑 안
> 에서 그 앞에 거룩하고 흠이 없게 하시려고"

하나님께서 나를 구원하시려는 역사는 사랑하시기 때문에 이미 창조 이전부터 계획된 것입니다. 우리를 구원해 주시겠노라고 약속을 정확히 하셨습니다. 우리를 사랑하시기 때문입니다. 그 말씀에 의지하는 자에게, 그래서 넉넉함이 넘쳐나는 자에게, 비록 가진 것이 작을지라도 이웃과 나눌수록 하나님의 역사는 크게 일어납니다.

개척교회에 찾아오는 사람은 별로 없을 것 같지만 오히려 많습니다. 물론 그들의 대부분이 노숙자입니다. 곱게 돈을 요구하기보다는 마치 맡겨 놓은 것 찾아가겠다는 식의 막무가내가 대부분입니다. 이것이 개척교

회 목사님들의 공통적인 어려움과 하소연의 하나이기도 합니다. 현실적으로 줄만큼 경제적인 여유가 없기 때문입니다. 그래도 나는 기쁩니다. 그들에게나마 뭔가 줄 것이 있다는 것만으로도 나는 넉넉한 자이기 때문입니다.

주일에도 갈급한 사람들이 찾아옵니다. 그들을 위해 아내는 음식을 장만하고, 나는 예배와 말씀을 준비합니다. 함께 하나님을 찾고, 그분을 만나는 교회는 행복합니다. 넉넉함이 있기 때문입니다. 지금은 비록 작은 개척교회이지만 공중의 새들까지 깃드는 넉넉한 날을 바라봅니다. 그날의 넉넉함을 나는 지금 끌어다 쓸 뿐입니다. 믿음은 바라는 것들의 실상이기 때문입니다. 하나님의 사랑을 믿기 때문입니다. 그래서 나는 하나님께서 계시는 교회를 위해 일할 뿐입니다. 하나님께서 일하시며 하나님의 나라를 이곳에 이루시기 때문입니다.

사람도 그렇습니다. 불평하는 입술의 나, 만족을 모르는 완악한 마음의 나, 이제 마음의 문을 열어 하나님을 모셔야 합니다. 하나님이 오시면 불가능이 가능해집니다. 하나님의 작정하신 축복이 시작됩니다. 넉넉함이 넉넉함을 부릅니다. 사랑받는 사람은 모습부터가 다르지 않습니까? 그래서 요한계시록은 말합니다.

> "볼지어다. 내가 문 밖에 서서 두드리노니 누구든지 내 음성을 듣고 문을 열면 내가 그에게로 들어가 그와 더불어 먹고 그는 나와 더불어 먹으리라." (계 3:20)

제 8장   무엇으로 살까?

또 여호와의 말씀이 내게 임하여 이르시되,
너희가 이스라엘 땅에 관한 속담에 이르기를
아버지가 신 포도를 먹었으므로
그의 아들의 이가 시다고 함은 어찌 됨이냐?
주 여호와의 말씀이니라.
내가 나의 삶을 두고 맹세하노니
너희가 이스라엘 가운데에서
다시는 이 속담을 쓰지 못하게 되리라.
모든 영혼이 다 내게 속한지라,
아버지의 영혼이 내게 속함 같이
그의 아들의 영혼도 내게 속하였나니
범죄하는 그 영혼은 죽으리라.
(겔 18:1~4)

시련 속에 빛나는 희망

미국 알래스카 주는 미국 전체의 5분의 1, 한반도의 일곱 배에 해당하는 거대한 땅입니다. 주민은 65만 명에 불과하지만 천연자원이 풍부한 미국의 전략적 요충지입니다. 알래스카가 세상에 알려지기 시작한 것은 1741년부터였습니다. 그 당시 알래스카는 러시아의 영토였습니다. 재정 위기를 겪던 러시아는 미국에 알래스카를 팔겠다고 제안했습니다. 당시 미 국무장관 윌리엄 시워드는 "단지 눈 덮인 거대하고 쓸모없는 땅으로 알래스카를 보지 말고, 그 안에 감춰진 무한한 자원의 보고를 보자."라고 외치며 의원들을 설득한 끝에 극적인 단 한 표 차이로 알래스카 매입 안을 통과시켰습니다. 1867년, 미국은 러시아로부터 고작 720만 달러를 주고 알래스카를 사들일 수 있었습니다. 당시 미국 여론은 알래스카 매입에 매우 부정적이었고, 윌리엄 시워드 장관은 평생 알래스카 매입 문제로 구설수에 오르면서 공격을 받아야 했답니다. 그러나 30년 후 알래스카에서는 금광이 발견되었고, 20세기에 들어서면서는 석유, 석탄, 금과 구리 등 엄청난 지하자원이 매장된 사실까지 밝혀지면서 알래스카는 미국의 보물이 되었습니다. 누군가는 어렵다고 낙망하고, 아니라고 비난하고, 원망하고, 실망할 수도 있지만, 누군가는 미래를 향한 소망을 갖고, 가능성을 바라봅니다.

그런데 문제는 미래의 소망과 가능성을 볼 수 있는 자가 없을 때와 상황입니다. 그럴 때에도 힘을 내고 행복하며, 감사할 수 있는 자는 얼마나 될까요? 내려오는 이야기에 이런 것이 있습니다. 독일의 어느 포도주 농장에서 농부가 최고의 포도주를 만들기 위해 열심히 포도 농사를 지었습니다. 당시 포도주를 만들기 위해서는 독일법에 따라 관리의 승인을 받아야 했답니다. 독일은 매년 국가의 승인을 받은 재료로만 술을 담글 수 있었기 때문입니다. 그런데 웬일인지 관리가 승인을 차일피일 미루고 농장을 방문하지 않았습니다. 애가 타는 농부의 마음과는 상관없이 시간이 흐르고 결국 수확시기를 놓치고 말았습니다. 게다가 영하의 날씨까지 겹쳐 포도가 얼어버렸습니다. 농부의 마음은 새카맣게 타들어 갔고 '내가 어떻게 키운 건데, 담기만 하면 되는 것을, 이 좋은 포도를 담가 보지도 못하고 그냥 버리게 되었구나, 늦장 행정으로 인해 내가 이렇게 허무하게 망하다니...' 생각했을 것입니다. 관리는 농부의 그런 맘과는 상관없이 뒤늦게야 와서 승인하고 가버렸습니다. 그동안 농부의 농장에 있는 포도는 얼었다 녹았다 하며 이미 반 건조 상태로 되어버렸습니다.

이 농부는 어떻게 했을까요? 실망하고 포기하고 원망하고, 혹은 내년 농사를 기약했을까요? 그는 포도를 바라보다 지푸라기라도 잡는 심정으로 그 포도로 포도주를 시험 삼아 담가 보았습니다. 그런데 뜻밖에도 그 포도주는 다른 여타 포도주보다 당도가 뛰어나고 독특한 향기의 포도주가 되었습니다. 현재 전 세계에서 같은 방식으로 반 건조 포도로 담그는 포도주가 개발되어 독특한 향과 맛을 자랑하고 있습니다.

인생의 좌절과 시련이 왔을 때, 실패라는 극심한 아픔이 찾아올 때, 우리는 어디를 바라보고 있을까요? 두려움이 없어지지는 않습니다. 거세게 밀어닥치는 풍랑이 사라지지도 않는 경우가 더 많아 보이는 듯합니다. 문제는 좌절하고 원망하고 쓰러지는 사람과 그곳에서도 일어설 수 있는 사람이 있다는 것입니다. 정신분석학자 칼 융은 문제 해결을 위해 고통은 반드시 필요하며 문제를 통해 인간은 성장한다고 했습니다. 알래스카도, 어느 포도주의 탄생 비화도, 차가운 세속의 학자도, 모두 다 시련 속에서도 빛을 본다고 합니다. 그러면 믿는다고 하는 우리는, 기독교의 진리는, 우리의 하나님은 뭐라 하실까요? 어떻게 살아야 하며 무엇으로 살아야 한다고 성경은 말씀하실까요?

원망은 인생을 황폐하게 할 뿐입니다

출애굽기 15장 24절에 이런 말씀이 나옵니다.

> "백성이 모세에게 원망하여 이르되 우리가 무엇을 마실까 하매"

이스라엘 민족이 애굽의 바로 밑에서 노예 생활을 하다 우여곡절을 겪으며 출애굽 하였습니다. 바로 직전을 보면 홍해 바다가 갈라지고 이스라엘 백성들이 건짐을 받고, 바로의 군대가 수장되었습니다. 그것을 목격한 이스라엘 백성들 가운데서 미리암은 소고 치며 춤추며 노래했고, 이스라엘 백성들이 모두 기뻐했습니다. 하지만 사람은 간사합니다. 곧바로 광야의 행군에서 물이 떨어지자 왜 자기들을 데리고 나왔냐고 모세에게 원망을 쏟아 붓기 시작합니다. 그러자 모세는 하나님께 기도하여 쓴 물인 마라의 물을 나뭇가지를 던져 마실 수 있게 되었고 곧이어 엘림에 다다라 오아시스를 만나게 됩니다. 그때 모세는 하나님의 뜻에 대하여 이스라엘에게 이 시련이 너희, 이스라엘을 향한 시험이라고 했습니다. 다시 말해 하나님께서는 고통과 어려움이 낙심과 좌절, 그리고 인생의 결론으로 끝나는 것이 아니라 그것을 통한 인생의 성장이 있음을 약속했습니다.

하지만 곧이어 출애굽기 16장 2절을 보니 먹을 고기와 음식이 없다고 다시 원망합니다. 인생의 문제는 하나 해결되면 또 다른 문제가 우리 앞을 가로막곤 합니다. 수고와 고통이 끝없는 것이 우리네 인생이 아닌가 싶습니다. 부모님은 평생 자식 걱정하며 사신다고들 하지 않습니까? 나도 개척을 하면서 적당한 장소를 찾아 2개월을 돌아다니며 구한 장소가 결정되었을 때, 이제 문만 열면 되겠다 싶었습니다. 그리고 교회로 내부 공사를 하면서 대금 문제로 매일 씨름하며 기도하고 팔방으로 다니며 간신히 매듭지었을 때, 이제 됐구나 싶었습니다. 사람들이 교회개척을 위한 청원서에 서명을 해 줄 때, 이제는 시작할 수 있겠다 여겼습니다. 그러나 장소가 정해져도 실랑이는 오래되었고, 인테리어를 하면서 어느 선이 적당하고 충분한 지 고민해야 되었습니다. 막상 교회에서 모이기로 했어도 서명한 분들이 다 참석하지도 않았습니다. 참석한 분들도 자리를 지키지 못하여 현재의 신자들은 모두 새 얼굴입니다.

대체로 개척교회는 누가 보더라도 부담스럽고, 적은 인원으로 인하여 교인들간에 관계가 조금만 틀어져도 목사님의 시선과 관리를 받는다고 불편해 합니다. 내가 무엇인가 해야 된다는 그 부담감으로 인해 온전히 하나님의 은혜를 받아야 하는 존재임을 망각합니다. 우리가 기억하다시피 이스라엘의 광야 여정은 끝없는 시련과 원망, 우여곡절로 얼룩지며 가나안으로 향합니다. 마치 우리네 인생살이처럼 말입니다. 그러나 원망과 시비가 인생을 얼룩지게 할 때 그들은 애굽에서 나온 자들이 아닌 다음 세대가 되어서야 비로소 가나안에 들어가는 역사를 가지게 됩니다.

이것은 그들이 말씀을 청종치 않았기 때문입니다. 사실 원망과 시비는 너무도 삶이 고달프고 어렵기 때문에 나오는 것 아니겠습니까? 아니 자기가 해결할 수 있고 컨트롤이 가능하면 누가 징징거리겠습니까? 어려운데 어쩌란 말이냐 하고 항변할 수도 있습니다. 그러나 그것이 하나님의 말씀을 듣지 못하게 한다는 것을 명심해야 합니다. 그래서 시편기자는 106편 25절에서 "그들의 장막에서 원망하며 여호와의 음성을 듣지 아니하였도다."라고 노래했습니다.

그 결과는 사실 인간적으로 볼 때 너무도 가혹하고 참혹했습니다. 모세를 따라 출애굽한 사람들이 아닌 다음 세대에 가서야 가나안에 들어갔으니 말입니다. 민수기 14장 26~30절을 보니 여호와께서 모세와 아론에게 이스라엘 자손이 하나님을 향하여 원망하는 말을 들으시고, 사람의 말이 하나님께 들린 대로 행하시겠다고 말씀하셨습니다. 그래서 이십 세 이상으로서 계수된 자 곧 하나님을 원망한 자 전부가, 오직 여분네의 아들 갈렙과 눈의 아들 여호수아 외에는 약속한 땅에 결단코 들어가지 못하리라고 하나님은 선언하셨습니다. 참으로 무섭습니다. 말하는 대로 이루어지는 역사라면 전율스러울 정도로 두렵고 떨리기 때문입니다. 좋은 것만을 말하겠다 싶어도 우리의 입술은 범죄로 인하여 어느 샌가 부정적인 말들을 내뱉기 때문입니다.

자, 이제 이러면 우리는 거의 이렇게 말합니다. "불러낼 땐 언제고..." "하나님은 참으로 이해하기 어려운 분이시다."라고 말입니다. 신앙을 가지거나 교회에 나와도 대다수의 분들이 인생의 참혹한 시기에 맞닥뜨리면 이렇게 되기 쉽습니다. 나의 교회도 예외일 수는 없습니다. 개척하라고 하실 때는 언제고, 하나님은 참으로 가혹하시다 싶은 경우가 매일 일어납니다. 특히나 한국 사람들은 완벽주의자들이 많아서 더욱 그러합니다. 심리학에서는 완벽주의자들은 일이 제대로 해결되지 못했을 때, 핑계와 변명, 원망과 시비가 일차적으로 나온다고 합니다.

한국 사람들이 완벽주의자라는 것의 예를 하나 들겠습니다. 우리는 응원할 때 뭐라고 하나요? "파이팅(fighting)", 영어권에서는 "고우(go)"입니다. 파이팅이든 화이링이든 우리는 "싸우자!" 크게 외칩니다. 선수나 응원하는 사람이나 모두 똑같습니다. 외국인은 "나가자!" 라고 합니다. 아니 시합하러 운동장에 나가는 건데 "싸우자!"라니요? 극히 호전적이고 공격적인 이 구호는 이면에 죽기 아니면 까무러치기라는 식으로 극단적 성향을 보여 줍니다. 그래서 완벽하게 이기고 결론내지 못하면 견디지 못합니다. 어린 애들을 공부시켜도 죽기 살기로 시키고, 그러다보니 그렇게 하지 못하면 행세하지 못하는 현실입니다.

또 다른 예를 하나 들겠습니다. 70년대 축구경기에서 우리나라가 월드컵 본선에 나가야 하는데 번번이 최종 예선에서 무너졌습니다. 선수들이 왜 그렇게 하늘에다가 공을 찾는지 이해불가한 수준이었습니다. 그때 해설자와 아나운서가 이구동성으로 말했습니다. 잔디구장이 없어서, 잔디가 달라서, 운동장 사정이 나빠서, 왜 골대가 휘었다고는 하지 않았는지 모릅니다. 내 어릴 적 기억에 홍콩에서 월드컵 예선 경기할 때에는 골대가 규격이 다르다고까지 했으니 그 말이 그 말일 겁니다. 그것이 완벽주의자들의 행동성향이라고 합니다. 아이가 공부를 해도 일등이 아니면 속이 풀리지 않고, 일등을 해도 100점이 아니면 속이 상하고, 교회를 나와서 은혜 받으면 감사할 일이지, 누구보다 교회에 더 많이 나오고, 일도 하고, 심지어 헌금도 더 한다고 판가름 나야 잘 믿는다고 생각하기까지 했습니다. 그래서 오늘 우리는 행복한가요? 교회는 믿는 자의 수가 더하여지고 있나요? 일대일 양육이니 제자훈련이니 나 역시 필요하다고 생각합니다. 그러나 경쟁적으로 몰입하는 것을 보면 슬퍼집니다. 기뻐서, 간절해서, 좋아서 해야 하는데 말입니다.

원망은 타락의 결과입니다

왜 이러한 이들이 벌어질까요?

> "아버지가 신 포도를 먹었으므로 그의 아들의 이가 시다." (겔 18:2)

선지자들이 당시 사람들의 죄악을 공격하면서 조상의 죄악도 열거한 것을 가지고 사람들은 "그러니까 조상 때문에 우리가 그렇다 이거지?"라고 받아들였다는 말씀입니다. 조상 탓에 내가 어렵다고 하며 원망을 하고 자기를 돌아보지 않는다고 에스겔 선지자는 지적하고 있습니다.

왜 그럴까요? 왜 우리는 남 탓하고 원망하고 시비를 가리고 그렇게 살려고만 할까요? 그것이 인간의 타락한 본성 때문입니다. 우리는 가능한 한 자기들의 허물과 죄악, 그리고 실패와 좌절을 다른 데로 돌리고 싶어 하는 욕망이 있기 때문입니다. 하나님께서 말씀하셔도 하나님과 대적하고 그분의 심판하심에도 거역하고자 합니다. 그래서 예레미야애가 3장 39절에서 "살아 있는 사람은 자기 죄들 때문에 벌을 받나니 어찌 원망하랴?" 말씀하십니다. 원망과 시비와 핑계를 통하여 자기의 범죄를 조상에게 전가시키고 그렇기에 하나님께서 부당하시게 자기들에게 벌하신다고 공평하지 못한 하나님이라 원망합니다. 선지자들이 그토록 누누이 이어지며 하나님의 징계하심과 경고에 대해 전하였지만 뻔뻔스럽게 하나님께 따지고 덤비는 지경에 이르렀습니다.

사도 바울은 로마서 3장 10~19절에서 "의인은 없나니 하나도 없으며 깨닫는 자도 없고 하나님을 찾는 자도 없고 다 치우쳐 함께 무익하게 되고 선을 행하는 자는 없나니 하나도 없도다. 그들의 목구멍은 열린 무덤이요 그 혀로는 속임을 일삼으며 그 입술에는 독사의 독이 있고, 그 입에는 저주와 악독이 가득하고, 그 발은 피를 흘리는 데 빠른지라. 파멸과 고생이 그 길에 있어 평강의 길을 알지 못하였고 그들의 눈 앞에 하나님을 두려함이 없느니라 함과 같으니라. 우리가 알거니와 무릇 율법이 말하는 바는 율법 아래에 있는 자들에게 말하는 것이니 이는 모든 입을 막고 온 세상으로 하나님의 심판 아래에 있게 하려 함이라."고 하였습니다. 우리의 입술이 닫아져야, 원망과 핑계와 시비가 사라져야 은혜와 축복과 평강이 있겠다는 말씀입니다.

에스겔 선지자는 말합니다.

"모든 영혼이 다 내게 속한지라, 아버지의 영혼이 내게 속함
같이 그의 아들의 영혼도 내게 속하였나니 범죄하는 그 영혼

은 죽으리라." (겔 18:4)

이 말씀에서 에스겔은 모든 영혼이 다 하나님의 것이라는 선언으로 하나님의 사랑하심을 선포합니다. 인간은 아담과 하와의 범죄 함으로 인하여 원죄의 사람으로 부패되었습니다(시 14:1,2). 하나님 앞에 인간은 추하고 가증스러운 존재이지만 그래도 하나님은 사랑하신다는 말씀입니다. 이 구절을 언뜻 보면 죄 있는 자는 모두 죽는다고 해석할 수 있습니다. 또는 우리는 아무 문제없는데 그 아담 때문에 그렇다고 할 수도 있습니다. 그러나 원죄는 아담으로 인해 우리 모두가 오염되었음을 말씀합니다. 로마서 5장 19절은 "한 사람이 순종하지 아니함으로 많은 사람이 죄인 된 것 같이 한 사람이 순종하심으로 많은 사람이 의인이 되리라."고 선언하기 때문입니다. 사람들이 모자라도, 원망해도, 하나님은 뭐가 좋다고 우리를 그토록 사랑하실까요? 자기의 사랑하시는 독생자 예수까지 피 흘리심으로 우리를 죽기까지 사랑하시냐 말입니다. 금세 또 원망하고 좌절하고 배반하는 죄인들인데 말입니다. 정말 하나님은 사람바보이십니다.

사람바보이신 하나님의 꿈을 나도 가집니다

그렇기 때문에 교회는 원망과 시비가 없어야 하는 곳입니다. 하나님의 은혜를 받은 사람들의 공동체이기 때문입니다. 초대교회가 시작되었을 때, 구제하는 일에 빠진 과부들의 원망과 시비에 교회는 일곱 집사를 당장 세웠습니다. 교회는 은혜의 터전이기 때문입니다. 사도들이 말씀 전하고 기도하고 사역하기에도 시간이 모자라 바쁜 와중에 그 일을 해결하고 도울 자들로 집사들을 세웠다는 말입니다. 은혜의 자리는 원망과 시비가 없는 곳에서 다져지기 때문입니다. 그래도 우리의 마음에 사단은 속삭입니다. '왜 그런 시련을 주실까? 없으면 더 좋을 것을...' 하지만 사도 바울을 통해 하나님은 고린도교회를 향해 단호히 말씀하셨습니다.

> "그들 가운데 어떤 사람들이 원망하다가 멸망시키는 자에
> 게 멸망하였나니 너희는 그들과 같이 원망하지 말라." (고전
> 10:10)

왜 그런가요? 바로 하나님의 사랑에 거하는 자의 본보기가 되고 말세에 우리를 깨우치며 좌절하지 않게 하기 위함이라고 하십니다. 그러면 우리는 죄의 소욕으로 인해 "그토록 극심한 고통이 좌절하지 않기 위해 주는 것이라고요?" 또 묻게 됩니다. 그래서 이어지는 말씀에서 하나님은 한결 같이 우리를 사랑하시기에 감당하지 못할 시험을 허락하지 아니하시고 피할 길도 주신다고 했습니다.

신약성경은 교회를 향하여 줄기차게 원망과 시비가 없게 하라고(빌 2:13) 권면하십니다. 그것을 통해 하나님께서 자기의 기쁘신 뜻을 위하여 너희에게 소원을 두고 행하게 하신다고 약속하십니다. 이토록 계속되는 말씀들은 바로 우리가 하나님을 원망하고, 우리의 생각대로 하나님을 판단하고, 하나님을 떠나기 때문입니다. 믿고 믿지 않고를 떠나 사람들은 죄의 성향으로 기울어지기 때문입니다. 이러한 우리에게 하나님은 독

생자 예수 그리스도를 주셨습니다. 그가 죽기까지 우리를 사랑하심을 증거 하셨습니다. 그러나 오늘도 우리는 그 십자가보다는 나에게 닥친 시련을 바라보며 원망합니다. 하나님은 그것을 몰라서가 아니라 그럴수록 더욱 우리를 사랑하신다고 오늘도 우리에게 다가오십니다.

지금 우리는 세상에 어려움으로 인해 낙심됩니까? 그것으로 인해 원망과 시비가 내 입에 따라옵니까? 오직 성경은 믿는 자는, 교회는 그럴 수 없노라고 선언합니다. 이를 위해 사람바보이신 하나님은 우리에게 자신의 소원을 두고 이루시겠다고 말씀하셨습니다.

이제 나는 그러한 교회를 꿈꿉니다. 오는 자마다 자기의 모든 삶의 현장을 교회로 선언하는 역사가 일어나길 소원합니다. 자신의 가정도 교회로 선포하며 하나님을 만나기 원합니다. 이 교회에 들어오는 자마다 자기의 직장도 교회로 만들기 바랍니다. 작은 교회라 하여도 오직 믿음으로 선포하며 사람바보이신 주님 앞에 나아가는 자들의 모임이길 기도합니다. 그래서 이 교회에 오는 사람들은 자신이 가는 곳마다 바보처럼 우리만을 바라보며 기뻐하시는 하나님을 모시는 살아 있는 성전이 되기를 바라봅니다. 찬송가에 이런 곡이 있습니다. "이 죄인을 완전케 하시옵고 내 맘 속에 영원히 거하소서. 죄 가운데 빠졌던 몸과 맘을 흰 눈보다 더 희게 하옵소서...날 정결케 하는 피 믿사오니... ... 구세주의 흘린 피로 죄를 씻어 주시고 성령이여 하늘 길로 나를 인도하소서." 단 한 사람이라도 하나님의 절실하신 그 사랑하심이 자신의 삶 속에 열매 맺게 될 것을 바라보며 사람바보이신 하나님의 꿈을 나도 꿉니다. 그 꿈을 가지고 찬송할 뿐입니다.

제 9장 흔들리지 않는 주의 약속

내가 잠시 너를 버렸으나 큰 긍휼로 너를 모을 것이요,
내가 넘치는 진노로 내 얼굴을 네게서 잠시 가렸으나
영원한 자비로 너를 긍휼히 여기리라
네 구속자 여호와께서 말씀하셨느니라.
이는 내게 노아의 홍수와 같도다
내가 다시는 노아의 홍수로 땅 위에 범람하지 못하게 하리라
맹세한 것 같이 내가 네게 노하지 아니하며
너를 책망하지 아니하기로 맹세하였노니
산들이 떠나며 언덕들은 옮겨질지라도
나의 자비는 네게서 떠나지 아니하며
나의 화평의 언약은 흔들리지 아니하리라
너를 긍휼히 여기시는
여호와께서 말씀하셨느니라.
(사 54:7~10)

사람도 교회도 좋은 만남이 힘듭니다

　살다보면 여러 종류의 사람들을 만나게 됩니다. 이른바 좋은 사람, 나쁜 사람, 혹은 잘 생긴 사람, 못 생긴 사람 등등 말입니다. 좋은 사람과 나쁜 사람의 구분은 무엇일까요? 사실 우리는 극히 주관적으로 생각하고 판단하지만, 공통적인 것을 찾는다면 내가 대면하고 관계를 형성할 때 거북함이 없는 사람, 또는 그럴 때에 나에게 최소한 해를 끼치지 않는 사람이 좋은 사람일 것입니다. 더욱이 만나면 만날수록 나에게 해를 주는 사람, 그런 나쁜 사람인 것을 알면서도 함께 할 수밖에 없는 상황에 있거나, 그로 인해 계속 어려움을 받는다면 얼마나 마음이 힘들까요? 같이 하지 않을수록 좋다는 것을 알면서도 피할 수 없다면 말입니다. 그런데 우리네 인생은 마음먹은 대로 되지만은 않습니다. 친구도 그렇고 배우자도 그렇습니다.

　누구나 좋은 사람과만 만나고 싶습니다. 그런 연유로 인해 우리의 대다수 부모님들은 아이들에게 반장하고만 사귀라고 하고 일등 하는 친구하고만 놀라고들 했습니다. 그런데 어떤가요? 일등 하는 친구는 오직 한 명이고, 그나마 내가 일등이면 아무도 없습니다. 일등이 아닌 친구를 사귀는 사람은 한 반이 최소 40명이라면 39명의 가능성을 가집니다. 또 생각해 보면 일등 하는 친구들 가운데 얼마나 많은 이들이 인간미를 갖추었나요? 인간미를 지녔어도 너무도 능력이 많아 얼굴보기도 힘든 친구가 됩니다. 그러나 39명은 이웃집 정겨운 아저씨, 아주머니의 미소를 가지고, 언제고 마음 열고 반말로도 접근할 수 있는 친구들입니다. 물론 몇몇은 지속되는 문제를 노출시키기도 하겠지만 오히려 사고를 자주 친 사람일수록 의리도 있습니다. 어느 목사님이 목사님들끼리의 대화에서 그렇게 말했습니다. "목사가 믿음이 없으면 의리라도 지켜야지..."

목사님조차 이렇게 말씀하시는 것을 보면 교회를 다녀도 좋은 사람과의 관계가 쉽지만은 않은 것 같습니다. 아니 교회는 더합니다. 사람들은 교회에 나갈 때, 자기가 다니는 교회의 목사님이 가장 좋은 목사님이라고 믿고 갑니다. 교회도 자기의 교회가 제일 좋은 교회라고 여깁니다. 그렇기 때문에 절대적인 신뢰를 하며 신앙생활을 하게 됩니다. 그러나 때로는 목회자나, 교회 직분자나, 교회가 우리에게 실망을 안기기도 합니다. 그러면 그 상처는 누구의 몫입니까? 교회는 초대교회 시기부터 일관되게 사람으로 인해 교회가 은혜가 있다 없다 할 수는 없다고 결론지었습니다. 나도 역시 그렇게 믿고 고백합니다. 아무리 실망을 주는 목회자가 양육을 하고 설교를 해서 교인들에게 실망을 준다 하여도 하나님께서 적법하게 세우신 올바른 교회라면 언제나 변함없으신 하나님이 은혜를 주실 것이라고 말입니다.

그래도 목회자는 중요합니다. 왜냐하면 평신도는 담임 목회자의 수준을 넘어서기 어렵고 이끄는 방향대로 신앙이 성숙되기 때문입니다. 목사님이 기도에 열중하면 신자들도 기도합니다. 목사님이 전도를 열심히 하면 신자들도 전도합니다. 목사님이 사회 정의를 위해 헌신하면 신자들도 사회 문제에 관심을 가집니다. 그러나 여러 언론에 오르내리는 문제의 목사님이라면 어떤 신앙이 전달될까요? 아마도 꾸미고 척하는 신앙일 것입니다. 목사님이 숫자에 민감하여 교인 수나 재정에 관심이 집중되면 이른바 물질 축복에 목매는 신자들이 모일 것입니다. 이를 보며 사람들이 교회를 비판하고, 교회를 비난하고, 교회를 떠납니다. 그러나 하나님의 사랑은 계속되고 있습니다.

또 하나의 문제가 있습니다. 이런 부정적인 현상들에 대해 날카롭게 비판하고 변화를 촉구하는 이들의 냉정한 분석은 감동적입니다. 그러나 반대로 그렇기 때문에 교회가 어떻게 해야 하는지에 대한 논의는 상대적으로 피상적이고 분석만큼의 공을 들인 흔적을 찾아보기 어렵다는 것입니다. 자극적인 제목의 신앙서적들이 갈증을 해소해 주는 탄산수처럼 청량제일 수는 있지만 신앙도 자극적으로 변모합니다. 그 가운데 다행인 것은 날카로운 글들도 대체로 교회의 성장이나 성숙은 결국 하나님의 역사라는 고백으로 모여진다는 것입니다. 거기에 따라 어떤 인위적인 프로그램과 방법의 도입보다는 기본적인 하나님의 역사를 간구하는 근원으로 돌아가자고 주장합니다. 사람들이 종교를 찾고 교회를 찾을 때에는 단순히 여가선용의 문제는 아닐 것입니다. 자기의 내면에 있는 부족함과 갈증이 신을 찾게 합니다. 하지만 그럴수록 좋은 사람이나 교회를 만나는 것은 더욱 힘들어졌습니다.

1700년대의 위대한 음악가 헨델은 뛰어난 재능에도 불구하고 인정받지 못했던 날들이 있었습니다. 그는 오페라로 인정받았지만 사양길에 접어들던 시기에 많은 돈을 들여 개최한 음악회는 계속해서 실패했고 재정의 압박과 스트레스로 시달렸다고 합니다. 그렇게 실의와 좌절 가운데 방황하던 1741년 어느 날 저녁, 찰스 제넨스(Charles Jennens)라는 사람이 헨델에게 새로 작곡할 곡에 대한 원고를 보여 주었습니다. 헨델은 그 원고를 읽다가 이사야 40장 1절의 말씀에 따른 "위로하라."는 구절에 시선이 멈췄습니다. 그리고 그 말씀이 헨델에게 위로의 말씀으로 다가섰습니다. 그 감동에 겨워 곡을 썼고, 그 곡이 오늘날 우리 모두가 아는 오라트리오 "메시야"가 되었습니다. 헨델의 절망, 헨델의 고독, 헨델의 텅 빈 영혼 속에 위로하는 그 한 마디의 말씀이 놀라운 변화를 불러일으켰습니다.

교회는 언제나 변함없는 주님의 사랑에 대해 말하며 고난 뒤에 있을 하나님의 회복을 선포합니다. 바로 변함없으신 하나님의 사랑 때문에, 죽도록 사랑하시고, 그래도 도망가는 사람들을 끝까지 사랑하시는 그 분의 그 사랑 앞에 고백하게 됩니다. 그런데 내가 앞으로 가도 그가 아니 계시고, 뒤로 가도 보이지 않는다고 느끼면 얼마나 괴로울까요? 사람들을 만나도 연이어 터지는 상처와 괴로움을 안기는 일들이 겹쳐진다면 뭐라 할까요? 그러나 욥은 욥기서 23장 8~10절에서 "내가 가는 길을 그가 아시나니 그가 나를 단련하신 후에는 내가 순금 같이 되어 나오리라."고 했습니다. 욥은 하나님을 만나 변론하려 했습니다. 자신이 받는 고난의 이유에 대해 하나님이 대답하시길 구했습니다. 그러나 그 때 그는 하나님을 만나지 못했습니다. 혹독한 원망의 마음을 가지면 주님을 만나지 못하기 때문입니다. 그렇게 하나님의 침묵과 부재를 겪은 욥은 더 이상 자신이 가는 길을 다 알려고 하지 않았습니다. 자신이 가는 길이 왜 이토록 가시밭길인지 묻고 따지기보다 자신이 가는 길을 오직 주님이 아시고 선하게 인도하실 것이라고 믿기 시작했을 뿐입니다.

이렇게 하나님의 인도하심을 신뢰하는 것이 믿음입니다. 성도에게 오는 사건은 저주가 아니라 연단의 사건이며 하나님의 선하심이 끝까지 나를 지키심을 믿습니다. 바로 하나님께서 나를 사랑하시기에 가능한 일입니다. 내가 믿는다, 내가 따른다하는 표현도 결국엔 우리의 교만일 뿐입니다. 오직 하나님의 그 사랑이 나를 주장하실 뿐입니다. 그 가운데 우리는 주님의 빛나는 순금으로 나오기를 바랄 뿐입니다.

약속을 기억하시는 주님

이사야서 54장 8절을 보면 "네 구속자 여호와께서 말씀하셨느니라." 하시며 그가 나를 구원하시는 이이심을 말씀하십니다. 버림받은 것 같았던 나를 기억해 주시고 함께 해 주신다 약속하시는데 그것은 바로 나를 사랑하시는 하나님이시기 때문입니다. 그래서 10절에서 "너를 긍휼히 여기는 여호와께서 말씀하셨느니라."고 확인시켜 주십니다. 우리가 은혜 받는다는 말을 할 때, 은혜는 인자(헤세드, hessed)와 의미가 일맥상통합니다. 출애굽기 15장 13절을 보면 "주의 인자하심으로 주께서 구속하신 백성을 인도하시되 주의 힘으로 그들을 주의 거룩한 처소에 들어가게 하시나이다."고 함과 같습니다. 나의 힘이 아니라 오직 주의 힘으로 인도하시는 은혜 말입니다. 어제나 오늘이나 동일하신 하나님은 바로 나에게 변함없는 약속과 은혜와 사랑으로 함께 하십니다. 나를 기억하시고 인도하시는 하나님, 그 하나님의 사랑을 이사야는 노아의 방주에 비교합니다.

> "이르시되 내가 창조한 사람을 내가 지면에서 쓸어버리되 사
> 람으로부터 가축과 기는 것과 공중의 새까지 그리하리니 이는
> 내가 그것들을 지었음을 한탄함이니라 하시니라." (창 6:7)

의로우신 하나님께서는 자신이 만든 세상의 타락을 보시고 괴로워하셨습니다. 그래서 세상을 심판하시겠다고 합니다. 그러나 노아와 일가족, 그리고 방주에 들어간 동물들을 보전하여 주시고 홍수 마지막에는 다시는 우리를 물로 심판하시는 일이 없게 하겠다고 약속하십니다.

"무지개가 구름 사이에 있으리니 내가 보고 나 하나님과 모든 육체를 가진 땅의 모든 생물 사이의 영원한 언약을 기억하리라." (창 9:16)

그러나 우리의 삶을 보면 심판하시는 것 같은 느낌의 혹독한 겨울이 많습니다. 또 어떤 이들은 문자 그대로 물난리로 인한 인명의 피해를 보며 하나님께서 약속을 지키시지 않는 것 같다는 심정을 피력하기도 합니다. 시련의 날에 무너지는 인간의 모습을 향해 이사야는 하나님의 진노하심은 인간을 향한 견책이며 훈련이라고, 잠시 버렸지만 붙드시는 하나님에 대해 말씀합니다. 우리가 하나님 보시기에 합당한 그릇으로 준비시키시는 과정이라고 말입니다. 하지만 준비된 그릇이라고 하나님 앞에 온전할 자는 없습니다. 단지 우리가 "부족해도" 붙드시는 하나님의 은혜입니다.

이러한 선언은 창세기 6장 8절에서부터 출발합니다.

"그러나 노아는 여호와께 은혜를 입었더라."

물론 다음 절을 보면 노아는 의인이며 당대에 완전한 자이고 하나님과 동행한 사람이라고 합니다. 그러나 의인은 노아인데 하나님은 노아만이 아니라 노아의 온 집을 방주에 들어가도록 허락하셨습니다. 의롭다함을 받은 자는 노아뿐인데 말입니다. 더 주목하게 만드는 것이 있습니다. 방주에 짐승들을 넣어 자연을 이어가도록 하시는데 창세기 7장에서 "모든 정결한 짐승은 암수 일곱씩, 부정한 것은 암수 둘씩을 네게로 데려오며 공중의 새도 암수 일곱씩을 데려와 그 씨를 온 지면에 유전하게 하라."고 하십니다. 그리고 뒷부분에 가면 일곱 쌍이 아니라 두 쌍씩 들어가 하나님의 명령과 실제의 숫자에서 차이가 납니다. 많은 이들은 이 숫자에 물음표를 던지지만 성경은 특히 창세기는 존재론적 질문에 답하는 책이 아니라 그것이 주는 하나님과 나의 관계와 의미에 초점을 두고 보아야 합니다.

그래서 노아 방주에 승선한 동물의 종류와 숫자가 아니라 분류의 범주에서 희생 제물로 적합한 것과 그렇지 않은 것을 동시에 섞으심에 주목하게 합니다. 보시기에 얼마나 고통스러우셨으면 모든 것을 지면 위에서 쓸어버리시겠다고 하셨겠습니까? 그러면 앞으로의 세계는 온전하고, 유전학적으로나 DNA가 우수한 것만을 남겨 놓으셔야 이치에 맞을 것 같은데 말입니다. 분명한 것은 하나님께서 창조하신 것은 온전한 것만이 아닌 공존을 위한 존재임을 기억해야 합니다. 역사서에서 고레스를 막대기로 비유하여 사용하신 것이 좋은 예입니다. 선택된 백성의 멸망이 선택된 백성을 버리심이 아니라 다른 존재도 들어 사용하심에 대한 하나님의 섭리를 깨닫게 하신 것처럼 하나님 안에서는 창조된 세계의 그 어느 것도 중요하지 않은 것이 없음을 기억해야 합니다. 단지 이 말이 하나님께서 악을 조장하셨다거나 악을 좋아하셨다고 할 수 없음을 전제로 말입니다.

하나님께서는 노아를 통해 인류와 지구의 생명들을 건져 주심에 있어서 좋은 것과 나쁜 것을 함께 섞으시고 공존하게 하셨습니다. 그러나 나아가 보면 노아의 의로움은 자신의 의로움이 아니라 하나님과 동행함에 따른 의롭다함을 받은 의입니다. 그리고 함께 건짐을 받은 대표들은 육적인 문제가 있어도, 성품에 결함이 보여도, 영적으로 절름발이라도 하나님의 작정하신 사랑 앞에선 문제가 될 것이 없습니다. 이 사랑의 약속은 변함이 없고 흔들림이 없습니다. 개척교회에는 아무래도 좋은 사람들만 모이면 좋겠다고 합니다. 그러나 어떤 사람이라도 하나님께서 부르시는 사람이라면 교회의 문은 열려야 합니다. 내가 생각하는 이상이 아니라 하나님이 원하시는 사랑에 초점을 맞추어야 하기 때문입니다.

어떤 교회가 좋을까?

오늘 우리에게 노아와 방주는 교회의 모델이라고도 합니다. 교회는 의로운 자들만이 오는 곳이 아닙니다. 아니 흠 많은 자들이 모이는 곳입니다. 상처받고 신음하는 이들이 모여 더러는 다른 이에게 상처를 입히기도 하고, 또 더러는 함께 은혜 받습니다. 교회는 숫자에 연연하는 곳이 아니라 하나님께서 모으신 곳임을 믿는 장소입니다. 많은 이들은 성공이라는 단어를 사용해 가며 대형교회를 선호합니다. 반대로 세상에는 물량주의라 하며 대형교회를 비판하는 사람들도 있습니다.

곰곰이 생각해 보면 대형교회는 나름의 장점들이 많습니다. 많은 인적 자원들로 인해 다양한 프로그램과 참여할 공간이 넉넉합니다. 풍부한 재정을 바탕으로 필요한 사람들을 불러 일할 수 있습니다. 그러다 보니 작은 교회보다는 좋은 목회자들을 모을 수 있는 곳이기도 합니다. 또한 원하기만 하면 익명성도 보장됩니다. 나에게 어떤 것을 강요한다는 느낌도 없습니다. 그러나 오늘날 사회적 물의를 일으킨 교회들은 대체로 대형교회와 그곳의 검증되었다는 목회자들입니다. 그 내용이 왜곡이든 아니든 우리의 마음을 아프게 하고 실망하게 만드는 곳이기도 합니다. 이를 비판하는 목소리가 날카롭게 연일 소리를 내고 있습니다.

그러면 작은 교회, 개척교회가 하나님의 정답일까요? 나는 지금까지 이른바 대형교회와 작은 교회내지는 개척교회를 반반 다녔습니다. 대학생 시절 때 다니던 작은 교회는 인적 자원이 부족하여 내 분수에 넘치도록 나름 열심히 봉사했습니다. 재정도 부족하고 목사님 생계도 막막한 관계로 나의 용돈으로 주일학교를 섬겼습니다. 그러다 보니 행사를 맘 놓고 하기 쉽지만은 않았습니다. 언제나 부족한 일손으로 인해, 그리고 목사님이 믿고 일을 맡길 사람들이 한정되기 때문에 맡는 일은 조금씩 늘어났습니다.

반면에 유학 후, 귀국하여 다니던 교회는 제법 큰 교회였습니다. 그러나 새벽기도를 참석해 보면 예배와 기도회와 행사의 구분이 가지 않아 기도하기에는 조금 산만했습니다. 게다가 거리상 제법 먼 거리에 있어서 일과를 생각하면 맘 놓고 기도할 수 없기에 동네 교회에 나갔습니다. 처음에는 익명성의 보장을 위해 대형교회로 갔는데, 간혹 이른 아침에 교회 문이 잠겨 있었고, 거기서 그냥 기다리다 사찰 집사님이 오셔서 어제

교회 행사로 인해 오늘 새벽 기도회는 쉰다는 이야기를 듣고 돌아오는 경우가 있곤 했습니다.

결국 작은 교회로 옮겨 새벽기도회를 참석하니 처음부터 불편했습니다. 대다수 개척교회들과 작은 교회의 모습대로 목사님의 사택과 교회가 구분되지 않아 들어가면서부터 음식냄새가 나를 자극합니다. 예배가 진행되는 내내 목사님은 호기심 반, 기대 반으로 나를 보며 눈을 떼지 못합니다. 그 마음은 알지만 너무도 가슴 아플 뿐입니다. 기도하는 동안 목사님과 사모님은 나와 인사하기 위하여 촉각을 곤두세우며 자신들의 기도에 열중하기 어려워하는 모습에 오히려 내가 사역에 방해가 되었다는 느낌으로 털레털레 돌아온 경우도 있습니다.

그러면 어느 교회가 좋을까요? 하나님은 대형교회나 작은 교회 모두에게 함께 살아가기를 부탁하셨습니다. 교회는 어디가 온전하고 흠 있고 없고를 헤아리기보다 구원의 역사와 흔들리지 않는 은혜의 화평을 주는 지체로 함께 쓰임 받아야 합니다. 하나님 앞에서 자기의 의를 주장할 사람과 교회는 어디에도 없습니다. 보다 낫다고 여길 수 있는 교회는 있을지언정 하나님께서 모으신 교회라면 어디도 함부로 할 수는 없습니다. 대형교회나 작은 교회나 크기와 세상의 기준으로 순위를 매길 수 있는 것이 아닙니다. 단지 있다면 하나님께서 원하시는 일에 쓰임 받는지의 여부가 좋은 교회를 판단하는 기준일 것입니다.

그리고 하나님께서 나에게 허락하시는 교회가 바로 나의 교회입니다. 그곳에서 내가 구원받고 살아날 수 있는 곳이라면 좋은 교회입니다. 마치 나의 교회가 다소 촌스럽게 생명의교회라고 이름 지은 것과 같습니다. 아름다운 형용사나 순 한글로 교회의 이름을 사용하지 않고 생명이라는 단어를 넣은 것은 교회가 어느 것으로 포장되더라도 결국 가장 중요한 종교의 첫 모습을 지키고자 함이었습니다. 오늘도 수많은 개척교회들과 작은 교회의 목회자들은 이런 심정으로 일하고 있을 것입니다. 오히려 모든 문제에 봉착해 있기에 어쩌면 대형교회 목사님들보다 더 간절한 심령으로 교회에서 사역하는지도 모릅니다. 수많은 세미나와 클리닉을 찾아 연구하는 목회자들은 작은 교회의 분들입니다. 자신들의 가족 생계도 부족한 가운데 돈을 들여 연구하고 열심입니다.

미련한 교회인데...

그 가운데 나의 교회는 참 미련한 교회입니다. 모든 것을 자원하는 곳에서부터 출발합니다. 성도들이 원하는 것부터 목양의 터를 넓혀 갑니다. 그러나 제직회나 사무총회 때면 목회자의 생계와 사례를 걱정하지만 나는 단호히 거절합니다. 내 것부터 챙기면 교회가 이루어질 수 없기 때문입니다. 교인들에게는 걱정 말라고 단호히 말합니다. 그리고 자신들의 신앙과 구원의 역사를 간구하기를 먼저 하라고 합니다.

헌금도 그 가운데 은혜 받고 하고 싶은 마음만큼만 하는 것이 옳다고 합니다. 연일 부족한 재정이 있음에도 불구하고 무엇을 믿고 그러는지 나도 모릅니다. 그 가운데 예배 중, 봉헌할 때면 가슴이 먹먹해지는 경우가 많습니다. 많고 적음을 떠나 모든 분들이 진정으로 드리는 헌금임이 분명하기에 그렇습니다. 하지만 언젠가 어느 교회에 초청되어 갔을 때가

비교됩니다. 그 날, 그 교회의 담임 목사님은 특별히 올라온 헌금을 위해
기도해 달라고 하셨고, 저는 한 사람씩 이름을 부르며 봉투를 드는데, 어
느 한 분의 헌금봉투가 너무나 두툼했습니다. 마침 그 분은 이전부터 아
는 분이었고, 잘되는 사업과 뜨거운 신앙을 알기에 더 이상 넣을 수 없을
정도로 두꺼운 봉투에 깜짝 놀랐습니다. 그리고 예배 후, 또 한 번 놀랐

습니다. 그분은 일부러 은행에 가서 작은 단위의 현찰로 바꾸어 두툼하게 보이는 헌금을 드렸노라고 설명을 했기 때문입니다. 목사님을 기쁘게 하려는 것일까요? 아니면 힘내시라는 걸까요? 결과적으로 그분은 평소하는 정도의 헌금을 가장 많이 한 것처럼 교인들 앞에 보이려 했습니다. 어느 것이라 할지라도 보이려는 신앙은 하나님 앞에서 자기의 마음을 무겁게 할 뿐입니다.

우리 교회 앞에 있는 작은 교회의 목사님이 성탄절에 조용히 떠나는 일이 있었습니다. 그 후, 그 교회는 다른 교단의 목사님이 오셔서 새롭게 교회가 시작되었습니다. 매일 전도에 열심인 젊은 목사님을 보면서 저는 전도팀장님에게 그 교회가 있는 동네에 6개월 동안 전도를 금하도록 이야기했습니다. 나 역시 개척교회요, 사람도 없는데 말입니다. 덕분에 지금도 바로 앞 그 동네에서는 등록신자가 없습니다. 교회학교의 어린 영혼들과 주중에 기도하거나 예배에 간혹 참석하러 오는 이들만 있을 뿐입니다.

그래도 나는 우리 교회가 큰 교회라고 생각하며 개척교회를 움직이고자 합니다. 개척교회들이 가지는 부담감을 신자들에게 주지 않기 위함입니다. 물론 큰 교회처럼 모든 것을 할 수는 없습니다. 우리 교회는 성가대가 아직 없습니다. 그러나 대신 교인들이 예배 중에 찬송을 더 많이 합니다. 예배와 기도회의 본질이 변하지 않습니다. 예배는 하나님께 감사와 기쁨으로 드리며, 기도회는 기도를 할 수 있도록 모든 것을 개방시킵니다. 그래서 교회는 새벽부터 저녁까지, 항상 기도하는 분들로 이어집니다. 첫 일 년은 당황했습니다. 오는 분들마다 울며 기도했기 때문입니다. 그 모습이 마치 나의 모습을 보는 것 같았습니다. 내가 그토록 울며 기도한 날들을 떠올리게 했기 때문입니다. 덕분에 강단만이 아니라 교회 곳곳에 티슈를 비치합니다. 그리고 이제 나는 울며 기도하기보다는 기뻐 기도하기를 힘씁니다. 하나님의 사랑이 변함없이 흔들지 않는 약속으로 함께 하심을 믿기 때문입니다. 이렇게 기도회마다 사람들은 원하는 만큼 기도하고 돌아갑니다. 누구의 눈치도 보지 않고 자기의 신앙에 따라 간절히 기도에 힘씁니다.

예배와 기도 외에는 별로 할 것 없는 것 같아도, 원하는 성도들이 모여 성경공부반과 제자훈련 등을 열 수 있기를 기도할 따름입니다. 신자들에게 교회에 분담해야 할 일이 많다는 무거움이 아니라 즐겁게 하나님의 사랑을 누리며 감사할 그 날을 꿈꾸기 때문입니다. 교회에 처음 방문한 분들을 특별히 주목하고 다가서지도 않습니다. 그러나 아무 말 없이 가는 분들이라도 손에 무엇이라도 하나 선물을 드립니다. 사랑은 주는 것부터 시작하기 때문입니다. 교회는 주는 곳이지 받고 모으는 곳이 아니며, 목사도 줄 수만 있으면 주는 것이 옳다고 생각하기 때문입니다. 그리고 마치 큰 교회처럼 처음 온 사람들을 조용히 대하는 것은 그들에게 부담을 주지 않기 위함입니다. 아직은 교회가 하는 것이라곤 예배와 기도 밖에는 없는 것 같다고 하지만 마음에 위로와 평화를 갈구하며 찾아오는 이들에게 그것이야말로 교회가 주어야 할 일차적인 것이기에 예배와 기도에 최선의 경주를 다합니다.

교인들 집에 심방 가는 것도 많이 참습니다. 대형교회에서 가는 정도의 수준으로 그칩니다. 마음이야 하루에도 열두 번씩 가고 싶지만 최소한만 합니다. 병원심방 시에 누군가가 환자의 가족들에게 심방 시간을 알려 주면 다음에는 그러지 말라고 말합니다. 환자의 가족들까지 동원하게 만드는 일이 되어, 위로하고 섬기러 가는 심방이 아니라 대접받는 것이 되기 때문입니다. 모든 것에 하나님의 바로 그 사랑이 주는 본연의 모습을 찾고자 합니다. 그래서 교회가 지향해야 할 정도(正道)부터 걸어가고자 합니다.

비록 개척교회이지만 내가 생각해봐도 미련할 정도로 특색 없는 교회 같습니다. 그러나 방법을 찾기보다는 오직 주의 사랑에 매여 살고자 합니다. 그렇게 주를 찾기에 갈급한 영혼들과 이곳이 아니면 신앙이 성장하기 어려운 분들이 모여 하나님의 나라를 이루어 갈 것을 바라봅니다. 하나님의 마음에 합당한 교회와 내가 된다면 끝까지 사랑하시고 함께 하시겠다 약속하신 하나님의 역사가 함께할 것이기 때문입니다.

순종이냐 헌신이냐?

본회퍼(D. Bonhoeffer)는 의무 없는 자유는 방종이고 자유 없는 의무는 노예라고 했습니다. 순종은 누가 뭐라 하기 이전에 내가 하고 싶어 미리 알아 따라가는 길입니다. 누가 말해서 따라가는 것은 복종입니다. 할 수 없어 따라가면 굴종입니다. 헌신도 마찬가지입니다. 순종이 아니면 헌신이 아닙니다. 그리고 사람끼리 사귀고 만남에 있어서 누구는 배제하고 싶고, 누구는 가까이 하고 싶은 마음이 변하여 함께 살아가는 길을 택할 수 있다면 얼마나 좋을까요? 비판과 실망, 그리고 부담을 넘어서 대형교회는 대형교회대로의, 작은 교회는 작은 교회 나름의 자기의 모습을 기꺼이 하나님께 드릴 수 있으면 얼마나 좋을까요?

어느 유명한 목사님은 개척 시절, 교회에서 예배시간에 엄마 쥐와 새끼 쥐들이 쪼르륵 다니는 경황 가운데 신자들이 설교보다는 쥐를 보는 한심스러운 상황에 마음 아프셨던 시절을 예화로 쓰신 적이 있습니다. 그래서 그 목사님은 이대로 있으면 안 되겠다 싶어 100일 특별 기도를 하셨고, 그 결과 역사하시는 하나님을 만났다고 합니다. 그 전설 같은 이야기에 어느 목사님은 따라하다 탈진했다고도 합니다. 아무나 하는 것은 아닌 가 봅니다. 나는 그렇게는 못했지만 개척이 되자마자 교인들에게 선포하고 20일 금식 기도를 하며 교회의 성장이 아니라, 나에게 확신을 주시는 하나님의 사랑만을 간구했습니다. 마지막에 다다를 때에는 주일 설교 도중 힘들어 잠시 쉬었다가 하기도 했습니다. 그렇게 교회가 크기를 구하기보다는 하나님께서 기뻐하시는 교회와 목회를 구했습니다.

오늘도 나는 교인들에게 자발의 원칙만을 말할 뿐입니다. 그리곤 멋쩍게 웃으며 말합니다. "내가 뭘 믿고 이러는 걸까요?" 그것은 오직 하나 하나님의 한결 같으신 그리고 바보 같으신 사랑입니다. 그 사랑이 부족하고 흠 많고 때로는 한심스러운 나, 그리고 모두가 피하고 싶어 하는 개척교회일지라도 임하고 계시기 때문입니다. 그 사랑은 오늘도 나에게 화평의 언약을 긍휼히 베푸시겠노라고 약속하셨고, 그 약속은 흔들리지 않습니다. 어떤 교회도, 어떤 사람도 하나님의 사랑에서 끊어질 수 없습니다.

제 10장   사부곡(思父曲)

그 후에 예수께서 디베랴 호수에서 또 제자들에게 자기를 나타
내셨으니 나타내신 일은 이러하니라 시몬 베드로와 디두모라
하는 도마와 갈릴리 가나 사람 나다나엘과 세베대의 아들들과
또 다른 제자 둘이 함께 있더니 시몬 베드로가 나는 물고기 잡
으러 가노라 하니 그들이 우리도 함께 가겠다 하고 나가서 배에
올랐으나 그 날 밤에 아무 것도 잡지 못하였더니 날이 새어갈
때에 예수께서 바닷가에 서셨으나 제자들이 예수이신 줄 알지
못하는지라 예수께서 이르시되 얘들아 너희에게 고기가 있느
냐? 대답하되 없나이다 이르시되 그물을 배 오른편에 던지라 그
리하면 잡으리라 하시니 이에 던졌더니 물고기가 많아 그물을
들 수 없더라 예수께서 사랑하시는 그 제자가 베드로에게 이르
되 주님이시라 하니 시몬 베드로가 벗고 있다가 주님이라 하는
말을 듣고 겉옷을 두른 후에 바다로 뛰어 내리더라 다른 제자들
은 육지에서 거리가 불과 한 오십 칸쯤 되므로 작은 배를 타고
물고기 든 그물을 끌고 와서 육지에 올라보니 숯불이 있는데 그
위에 생선이 놓였고 떡도 있더라 예수께서 이르시되 지금 잡은
생선을 좀 가져오라 하시니 시몬 베드로가 올라가서 그물을 육
지에 끌어 올리니 가득히 찬 큰 물고기가 백쉰세 마리라 이같이
많으나 그물이 찢어지지 아니하였더라 예수께서 이르시되 와서
조반을 먹으라 하시니 제자들이 주님이신 줄 아는 고로 당신이
누구냐 감히 묻는 자가 없더라 예수께서 가셔서 떡을 가져다가
그들에게 주시고 생선도 그와 같이 하시니라. 이것은 예수께서
죽은 자 가운데서 살아나신 후에 세 번째로 제자들에게 나타나
신 것이라 (요 21:1~14)

아버지를 닮아가는 나

나는 신학교에서 가르치던 중, 부친상을 맞았습니다. 그러고 나서 부친 때로부터 인연이 있는 여러 지인들이 나에게 더 나은 조건의 학교로 가거나 안정된 교회를 맡으라고 권유했습니다. 하지만 나는 무엇이 하나님께서 기뻐하실 것인지 자문하며 기도하다가 개척하기로 결심했습니다. 드디어 가정에서 기도모임부터 시작하여 모인지 2개월 만에 정식으로 개척예배를 드리게 되었을 때, 나는 격한 슬픔으로 가슴이 찢어졌습니다. 숨 가쁘게 살아오면서 기도 가운데 이제 더 늦기 전에 개척해야 겠다고 나선 첫걸음이었습니다. 기도 가운데 작정하고 아무 도움의 손길 없이 우리 가족 4명이서 예배드린다는 각오로 뛰어들었습니다. 그래서 교인들도 이전 교회의 신자들이 아니라 불신자와 교회를 떠난 자부터 찾았습니다. 덕분에 처음, 교회를 방문한 이들로부터 "목사님은 전에 다니던 교회도 없나요? 어쩜 아무도 없고 돕는 교회도 없이 개척인가요?"라는 소리를 듣는 무모한 개척이었습니다. 그렇게 개척이 공식화되던 순간, 예배 도중에 인사하기 위해 앞에 섰다가 사람들 앞에서 눈물이 돈 것은 갑자기 아버지가 생각났기 때문이었습니다.

내 아버지는 생전에 모 대학의 총장이셨고, 교회를 두 번 개척하신 분이셨습니다. 너무도 청렴하셔서 어떤 것도 모으지 못하셨고, 세상이 말하는 출세의 기회도 번번이 다른 이들에게 양보하시며 슬럼가에서 목회를 하셨습니다. 아버지께서는 평생, 교회와 교인들, 그리고 제자들만을 위해 사셨습니다. 적게 버시면 적게 버시는 대로, 많이 버시면 많이 버시는 대로 교회와 교인들을 위해 드렸습니다. 덕분에 양반집 만석꾼의 외

동딸로 곱게 자라셨던 어머니께서는 가난한 개척교회 목사의 사모로서 자라나는 자식들을 먹이고자 텃밭을 일구어 반찬을 하시고 삯바느질로 쌀을 사서서 우리들을 먹이셨습니다. 집에 있는 모든 것들, 팔 수 있는 것들은 모두 팔아서 개척하시고, 방 한 칸 없이 어머니께서 고생하시는 것을 보면서 어린 나는 아버지가 참으로 이해되거나 용납되기 어려웠습니다.

그러시던 아버지께서 느즈막에 교회를 다른 이에게 맡기시고 학교로 돌아가 후학을 가르치셨습니다. 그리고 아버지께서 총장님으로 계시던 어느 날, 집에 옛 신자 한 분이 찾아오신 적이 있습니다. 당시 그 교회의 지역은 모든 것이 끝나고 망했다고 하는 분들이 모였던 달동네였기에, 다시 재기하면 떠나고 뒤도 돌아보지 않던 그런 동네였습니다. 그러다 보니 교회의 교인들도 어느 이상 늘 수 없었고, 그분도 그렇게 사라진 분들 중에 한 분이셨는데 아버지께서 이사한 집으로 수소문하여 찾아오셨습니다. 현관문 앞에서 주저하시던 그 분의 손에는 그 당시에도 사라져 가던 달걀 한 꾸러미가 들려 있었고, 선물이라며 조심스럽게 내어 놓으셨습니다. 그것을 보면 분명 그 때에도 형편이 좋은 것이 아니었는데, 본인은 살만해져서 아버지 목사님 생각이 너무 나서 찾았노라고 이야기를 하셨습니다. 그 여 집사님은 남편이 먹지 못해 쓰러졌을 때, 내 아버지께서 학교에서 강의하시고 돌아오시며 자기 집에 심방을 오셨답니다. 말씀 주시고 기도해 주시고 가셨는데, 나중에 보니 남편의 머리맡 배게 밑에 아버지의 학교 강사 월급봉투가 있었답니다. 아무 말 하시지 않았지만 굶주림에 쓰러진 것을 아시고 그렇게 당신의 월급을 그대로 주고 나오셨다는 것입니다.

나의 생각에 종종 집에 돌아오셔서 어머니께 월급 없다고 하시며 묵묵히 넥타이를 푸시던 아버지의 모습이 떠올랐습니다. 그 여 집사님은 덕분에 남편이 일어나 다시 일 나갈 수 있었고, 이제는 밥은 걱정하지 않게 되어 아버지 목사님이 생각나 너무 늦기 전에 찾아왔다고 우시며 머리를 조아렸습니다. 아버지께서 퇴근하지 않으셨기에 모든 이야기를 대신 들으신 어머니께서는 따뜻한 격려와 기도를 해 주시고 그 분을 배웅하셨습니다. 현관문을 들어오시던 어머니께서는 "허 참, 대단한 분이셔..." 중얼거리시는데 어머니의 눈빛에는 아버지에 대한 존경과 신뢰, 그리고 사랑이 담뿍 담겨 있었습니다. 당신은 그토록 텃밭을 일구고 삯바느질을 하셔야 되셨는데도 말입니다.

나의 뇌리에 깊이 남은 아버지의 모습이 하나 더 있습니다. 언젠가 아버지께서 일본에 학회로 인해 출국하실 때, 당시에는 우리나라에 흔하지 않던 알 초콜릿을 하나 사 달라고 부탁을 했습니다. 아버지께서는 흔쾌히 약속하셨고 돌아오시던 날, 나는 김포공항에 나가며 초콜릿을 받는 행복한 상상을 했습니다. 공항에는 교인들과 가족들이 아버지를 환영하러 나왔고, 아버지께서는 나온 아이들에게 가방에서 큰 통의 알 초콜릿을 하나씩 주셨습니다. 그것을 보면서 나에겐 얼마나 큰 것을 주실까 부푼 가슴을 안고 집에 왔습니다. 그러나 짐을 푸시면서 모든 형제들에게 작은 것이지만 기념품을 선물로 하나씩 주시는데 나에게는 아무 것도 주시는 것이 없었습니다. 속으로 아마 형제들 보는 앞에서 주시는 것이 신경 쓰이시나 보다 생각하며 기다렸습니다. 너무 늦은 시각이 되어 더 이상 견딜 수 없던 나는 아버지에게 약속한 선물을 달라고 했습니다. 그제야 아버지는 "아 참 그렇지." 하시며 가방을 뒤지셨지만 알 초콜릿은 하나도 남아 있지 않았습니다. 모든 것을 교인들의 자녀들에게 주셨기 때문입니다.

그러한 아버지를 보고 자라면서 철없던 나는 많이 배우시고 할 수 있는 일도 많으신 분이 그렇게 사시는 것이 그다지 좋아 보이지 않았습니다. 목회는 다 같은 목회인데, 세상이 말하는 출세는 아니더라도 어느 정도 되는 교회에서 청빙이 와도 물리치시는 아버지는 참으로 이해하기 힘든 분이셨습니다. 훗날 아버지께서는 가난한 이들을 맡을 목회자가 없는데 자신까지 돌아보지 않으면 누가 돌보냐고 하셨지만, 왜 그것이 아버지여야만 하는지 물음표는 계속 남았습니다. 그렇게 자신의 달란트를 썩히는 것이 과연 옳은 것인지 의문이었습니다.

결국 아버지께서 은퇴하신 후, 나는 신학대학원 때부터는 모든 학비와 비용을 스스로 마련해야만 했습니다. 유학 시기에도 나는 교회 사역과 아르바이트, 그리고 부족한 학업을 위해 밤을 세는 일로 지내야 했습니다. 또한 다른 이들에게는 나의 유학을 자랑하시며 기뻐하셨어도, 힘든 노년의 삶으로 인해 빨리 귀국하라고 나와 나의 아내만을 고집하며 찾으시던 아버지, 어머님의 소천으로 자식 앞에서 처음으로 무너지며 통곡하시던 아버지, 그리고 하늘나라로 가신 아버지의 모습이 개척의 순간 주마등처럼 스쳐갔습니다. 그런데 나 역시 편한 교수의 삶만이 아니라 수많은 길과 기회들을 접고, 무모할 정도로 모든 것을 드려 개척의 길을 걷기 시작했기에 회한이 교차되며 눈물지었습니다.

아버지, 나도 어느샌가 당신의 모습을 그대로 따라갑니다. 어머니, 항상 아버지와 자식들에게 말없이 웃으시며 용기를 주시던 모습처럼, 내 아내도 고생을 표현하지 않고 웃으며 나와 아이들에게 용기만을 주고 있습니다. 그 때의 격한 감정은 회한만이 아니라 부모님을 생각하던 철없던 나의 판단이 무너지는 순간이기 때문이었습니다.

그리고도 그날 저녁 곰곰이 말씀을 묵상하다 나는 가족들을 피해 밖으로 나와 한적한 산책길에서 또 한 번 통곡을 했습니다. 그렇게 모든 노력과 정렬을 바친 나의 인생이 모든 이들이 피하고 싶어하고 어렵다고 하는 개척을 하는 순간을 맞이할 때, 나는 주님을 또 다시 만났기 때문입니다.

헛수고가 가지는 인생의 무게

성경에서 베드로는 누구보다도 예수님을 최측근에서 모시던 인물이었습니다. 게다가 그는 예수님을 따르던 허다한 무리 가운데서 뽑히고, 다시 추려낸 열두 제자 가운데 으뜸이었습니다. 3년을 그렇게 예수님을 가까이 따르고 섬겼지만 그는 다시금 자기의 생업으로 돌아갔습니다. 적잖은 나이에 남들은 이제 안정되고, 한 길로 꾸준히 정진하고 있을 연배임에도 불구하고, 그는 3년의 경험을 공백으로 하고 다시 어부로 종사하고자 했습니다.

요한복음 21장에서 부활하신 예수님께서 나타나신 사건이 나옵니다. 그것도 세 번째라고 합니다. 예수님을 가장 가까이서 보필했던 베드로는 우여곡절을 겪었습니다. 인생의 풍상도 그런 풍상이 없는 듯합니다. 많은 이들이 자기의 스승을 연호하며 따랐고, 그때마다 예수님께서는 신기한 일들을 펼치시며 모든 이들의 시선과 마음을 사로잡았기에 베드로는 예수님을 따르는 것에 대해 잘했다고 흠뻑 도취해 있었습니다. 도취한 만큼 그는 인정도 받았고, 그의 서열은 누구보다도 높다고 여겼을 것입니다. 예수님께 때로는 칭찬을, 때로는 꾸중을 듣기도 했지만 그래도 좋았습니다.

그런데 예수님께서 갑자기 아무런 이적도 보이시지 않으시며 십자가를 지셨습니다. 자신도 놀라 엉겁결에 어린 여자 하인에게 예수님을 알지 못한다고 호언하고 구석에서 도무지 이해할 수 없는 상황 가운데 울기도 했습니다.

사흘 후 예수님께서 부활하셨다는 소식을 듣고 무덤으로 뛰어갔고, 또 부활하신 예수님께서 친히 나타나심도 목격했습니다. 하지만 그것이 전부였습니다. 이전처럼 예수님께서 함께 계시며 생활하시는 것도 아니고 나타나셨다가 어디에 가 계시는지 모르는 시간과 상황이 반복되는 가운데 베드로는 내몰렸습니다. 더 이상 주님께서는 공생애의 기간처럼 제자들과 같이 계시지 않아 보였습니다. 큰일을 치르고 난 사람처럼 뻥 뚫린 가슴과 허전함, 그리고 엄습하는 회한과 아련한 기억 가운데 그는 다시 생업에 뛰어들었습니다. 함께 하던 다른 제자들에게 물고기를 잡겠노라고 선언했고, 고향에서부터 함께한 이들을 포함한 일곱 명의 제자가 그와 함께 호수로 나갔습니다.

그들에게는 디베랴 호수는 자기 집 안방과도 같은 곳이었을 것입니다. 어느 시각, 어느 곳에 그물을 던지면 물고기가 잘 잡힌다는 것쯤은 분명 알고 있었을 법한 어부였습니다. 평생 해 오던 어부의 일을 다시 했지만 그날은 달랐습니다. 밤새워 노력했건만 아무 것도 잡지 못했습니다.

"시몬 베드로가 벗고 있다가 주님이라 하는 말을 듣고 겉옷을
두른 후에 바다로 뛰어 내리더라." (요 21:7)

베드로는 웃통도 벗어버린 채 일하고 있었음을 알 수 있습니다. 얼마
나 열심히 물고기를 잡고 있었는지, 또는 답답한 심경에 그랬는지, 또는
일하는 버릇인지 몰라도, 그가 일에 열중하고 있었음은 분명합니다.

"시몬 베드로가 나는 물고기 잡으러 가노라 하니 그들이 우리
도 함께 가겠다 하고 나가서 배에 올랐으나 그 날 밤에 아무
것도 잡지 못하였더니" (요 21:3)

보통 우리도 이토록 일하며 사는 사람들입니다. 모든 것 다 바쳐 죽도
록 일하고, 다른 것은 생각도 못하고 일에만 몰두하는데, 우리 손에 잡히
는 것은 무엇일까요? 문득 일의 수고가 가져온 소득을 보노라면 아무 것
도 없다는 심정일 경우가 대다수입니다. 그래도 꿈이 있다고, 희망이 있
다고, 미래를 바라보며 앞만 보고 살아왔지만, 지금 내 손에 있는 것은
아무 것도 없다는 심정, 허무함만이 밀려드는 것이 대다수 중년의 인생
입니다.

만약 베드로가 그물을 처음 던지기 전에 누군가가 오른편에 던지라
고 조언했다면, 그만이 아니라 누구라도 듣지 않았을 것입니다. 장시간
에 걸쳐 헛수고로 인해 기진맥진해져 있을 때, 밤을 지새우고 날이 밝도
록 일을 계속하던 그의 모습과 결국 이루어지는 결과의 축복을 볼 때, 우
리는 어떤 일에 성과가 없다고 섣불리 포기하거나 낙심할 필요가 없음을

기억해야 합니다. 안 된다고 손을 쉽게 떼는 것은 미련한 일입니다. 하나님의 복을 받을 기회를 찾고자 한다면 끊임없이 그 축복을 간구해야 합니다. 베드로가 옷을 벗어버리고 일에 몰두한 것처럼 살아온 사람이라면 우리의 소명이 이루어지지 않아 부담스럽게 느껴질지라도, 주께서 인내하라고 권면하신다면, 우리는 마땅히 힘을 내어 그렇게 해야 합니다. 결국에는 우리가 반드시 복된 결과를 얻게 될 것이기 때문입니다.

일용할 양식은 어디에?

이때에 예수님께서 나타나셨습니다. 뭍에 계셔서 제자들은 얼른 그분이 누구신지 알아채지 못했습니다. 단지 물고기를 많이 잡았냐는 질문에 못 잡았다고 했고, 그물을 다시 던지는데 오른편에 던져 보라는 조언을 들었습니다. 누구에게 조언했나요? 바로 그곳에서 잔뼈가 굵은 어부들에게 했습니다. 잡히지 않는 것도 속이 타고 약이 오르는데 처음 보는 사람이 이래라 저래라 하는 것을 듣는 것도 거북스러웠을 것입니다. 하지만 그들은 그 말씀에 따랐습니다. 말씀에 순종한 결과는 그물을 들기도 어려울 정도로 물고기가 잡혔습니다.

> "이르시되 그물을 배 오른편에 던지라 그리하면 잡으리라 하시니 이에 던졌더니 물고기가 많아 그물을 들 수 없더라." (요 21:6)

밤새도록 수고해도 되지 않던 것이 한 순간에 이루어지는 놀라운 사건이 펼쳐졌습니다. 하나님의 은혜를 인정할 수밖에 없습니다. 우리는 말씀을 잘 알지 못한다고 합니다. 성경 지식이 짧다고도 합니다. 더 많이 공부해야 한다고 합니다. 그러나 아는 것이 중요한 것이 아니라 순종하는 것이 키포인트입니다. 순종하기 싫기에 알지 못한다고 합니다. 따르기 싫기에, 내 자존심이 허락하지 않기에 성경을 잘 모른다고 합니다. 예수님을 잘 알지 못하기에 깊이 알아야겠다고만 합니다.

　하나님을 믿는다고 하는 사람이라도 인생의 난관을 만납니다. 그러나 하나님께서는 미쁘시고 사랑하시기에 우리에게 좋은 것을 이미 준비하셨습니다. 우리가 그것을 받기 위하여 하나님께서는 적당한 때를 기다리시고, 우리를 연단시키십니다. 그것을 소화시킬 수 있는 분량의 사람이 되도록 우리를 만드십니다. 하나님은 믿는 자에게 자신이 주시는 복이 얼마나 귀한 것인지 깨닫게 하기 위하여 종종 우리에게 이러한 연단을 허락하십니다. 우리는 그 과정이 힘들고 서럽다고 하나님을 원망할 뿐입니다.

　만일 우리가 하는 일마다 성공한다면, 예수 믿는 자니까 그렇다고 하더라도 이루어지는 일들을 당연하게 받아들이고 나의 수고의 결과로 받아들이게 됩니다. 자기의 성과를 하나님의 축복으로 돌려드리기보다는 자신의 성실함과 능력이라고 자랑하게 될 것이기 때문입니다. 하지만 아무리 수고해도 이루어지지 않다가 어느 순간 일이 풀리기 시작할 때, 우리는 그 배후에 계신 분과 특별한 그 무엇이 있음을 인정할 수밖에 없게 됩니다. 하나님의 은혜를 은혜인줄 알게 되어 하나님께 영광을 돌리게 됩니다.

물고기가 잡히고 나서야 제자들은 그분이 누구신지 깨닫기 시작했습니다. 예수님이 사랑하시던 제자 요한이 먼저 소리쳤습니다. "주님이시다!" 그러자 베드로는 옷을 황급히 입고 무조건 물에 뛰어들어 뭍으로 갔습니다. 나머지 제자들은 배로 뒤따랐습니다. 그들은 자신에게 펼쳐진 하나님의 역사를 체험한 순간, 그들의 육신의 눈은 그리스도를 바라보게 되었습니다. 자신들을 인도하시는 분이 그리스도이시라는 고백이 나왔습니다. 믿음은 요한이 앞섰지만 헤엄친 것을 보면 열정은 베드로가 더 했습니다. 그들이 뭍에 올랐을 때, 예수님은 이미 숯불에 떡과 물고기를 요리하시고 계셨습니다.

"육지에 올라보니 숯불이 있는데 그 위에 생선이 놓였고 떡도
있더라."(요 21:9)

우리가 그토록 수고하고 바라던 것, 이미 우리 주님께서 준비하시고 내어 주십니다. 누군가 먼저 믿거나, 누구보다 열정이 넘쳐도 그 축복은 모두가 함께 나누는 것입니다. 모두에게 함께 먹도록 하시는 예수님은 나의 믿음과 열정을 자랑하거나 남을 책망할 수 없게 하십니다. 모든 것에 모든 것, 완전에 완전으로 하나님은 우리의 길을 예비하시고 인도하십니다.

"예수께서 이르시되 지금 잡은 생선을 좀 가져오라 하시니"
(요 21:10)

이제 육지에 다다른 제자들에게 예수님께서는 생선을 가져오라고 하십니다. 제자들의 수고와 밤새워 노력한 땀의 대가라고 생각할 수도 있지만 그리스도께서는 그들이 지금 잡은 생선을 좀 가져오라고 하십니다. 공생애 시기에 예수님께서는 우리에게 기도를 가르치시며 말씀하셨습니다.

"우리에게 날마다 일용할 양식을 주시옵고" (눅 11:3)

우리는 우리가 매일 먹는 양식을 우리의 양식이라 부르지만 그 양식이 하나님의 축복으로 말미암아 얻어진 것임을 인정해야 합니다. 그것을 우리는 일용할 양식이라고 합니다. 그것은 작은 것에 만족하라는 의미로만 생각하지만 하나님으로부터 받은 축복임을 인정하는 것이 우선입니다. 그렇기에 모든 것이 하나님의 것이고 하나님께 드리는 것이 마땅하다고 고백하는 것이야말로 일용할 양식입니다. 교회를 개척하면 목회자 가정의 생계비가 목회자 자신이나 교인들에게 염려가 되기 쉽습니다. 임대료가 버겁게 느껴지기도 합니다. 그러나 교회가 있다는 것만으로도 행복합니다.

교회가 하나님의 사랑 가운데 있음으로 인해 축복임을 고백합니다. 우리의 염려는 세상의 법칙일 뿐입니다. 매일매일 계속하여 예수님을 만나고 그로부터 은혜를 받아 사는 인생이 일용할 양식을 구하는 삶을 살아야 합니다. 그것을 하나님께 기꺼이 드릴 수 있는 것이 축복의 양식입니다. 그렇기에 어느 것이라도 하나님께 기꺼이 드리는 교회가 됨이 너무도 행복합니다. 베드로와 제자들은 그물이 찢어지도록 물고기를 가득

잡았습니다. 그러나 그것은 일용할 양식이었습니다. 하나님의 축복임을 인정하고 자신의 물고기를 내어 드렸기 때문입니다. 그렇게 예수님은 그들에게 일용할 양식에 대해 가르치셨습니다.

> "시몬 베드로가 올라가서 그물을 육지에 끌어 올리니 가득히
> 찬 큰 물고기가 백쉰세 마리라. 이같이 많으나 그물이 찢어지
> 지 아니하였더라."(요 21:11)

또 누구는 생각할 것입니다. 물고기가 153마리입니다. 모여 수고한 제자들은 일곱 명입니다. 한 사람당 22마리씩 돌아가기에 조금 부족합니다. 또 한 사람 당 22마리라면 그것이 많은 것이냐고 생각합니다. 수고한 분량에 따라 배분은 차등을 주면 되지 않았을까 여깁니다. 하지만 그들은 잡아온 물고기를 예수님의 말씀에 따라 그분께 드렸습니다. 자기의 몫을 챙기는 것이 우선이 아니라 하나님께 드리는 것이 우선입니다. 우리의 인생사는 명확히 맞아 떨어지는 것이 적습니다. 항시 지나면서 조금은 어설프고 조금은 아쉽고 때로는 조금은 문제가 남아 있어 보입니다. 그러나 그것이 하나님의 은혜입니다. 우리의 계산에는 항상 더 가지고 싶고, 불만이 남는 욕망이 도사리지만, 영의 눈으로 볼 때에는 모든 것이 온전한 은혜이기 때문입니다. 그 은혜를 인정할 때 비로소 우리에게 일용할 양식이 보입니다.

예수님을 계속 만나야 합니다

일반적으로 이런 경우, 예수님께 나아간 제자들은 "예수님 맞으시죠?"라고 확인하고 질문할 것입니다. 그러나 제자들은 아무도 누구신지 묻는 자가 없었습니다. 그들의 마음은 복잡한 심정이 교차되고 있습니다. 예수님을 따른다고 하는데, 다시 고향으로 돌아와 종전의 일에 종사하고 있습니다. 그러던 중에 예수님을 만났고, 별반 소득도 없이 헛수고에 목이 메어 살고 있는 그들에게 나타나신 예수님, 그분을 보며 부끄러움이 앞섰을 것입니다. 그것도 세 번이나 뵈었으니 말입니다. 그러나 그들에게 확실하게 체험시키시고 자신을 보이신 예수님을 바라보며 그들은 분명하게 그분이 누구이신지 알았습니다. 또 그래도 묻고 싶었을지라도 오히려 그것이 무례나 욕이 될 수도 있기에 그들은 잠잠했습니다. 예수님을 만나면 우리의 의심은 사라지고, 예수님을 체험하면 우리는 비록 말은 하지 않아도 그분을 인정하게 됩니다.

"이것은 예수께서 죽은 자 가운데서 살아나신 후에 세 번째로
제자들에게 나타나신 것이라." (요 21:14)

예수님께서 제자들에게 시간의 간격을 두고 세 차례 나타나셨다는 말입니다. 이미 더 많이 나타나셨지만 한 날에 나타나신 것은 한 번으로 간주하여 세 차례입니다. 나타나실 때마다 제자들은 문제에 있었습니다. 그러나 주님께서 나타나실 때마다 그들은 변화되었습니다. 예수님을 믿는 것은 완료형이나 과거형이 아니라 진행형입니다. 지금 내게 체험되어

야 하는 분이십니다.

예수님께서는 이 땅에 오셔서 3년 동안 제자들과 함께 생활하시며 그들을 가르치시고 이끌어 주셨습니다. 그것이면 충분할 텐데, 그분은 십자가를 지셨습니다. 십자가로 자신의 사랑을 이루셨으면 그것으로 우리는 감격하고 무릎을 꿇을 것인데, 예수님은 부활하시고 계속 그들을 찾아다니시고 만나셨습니다. 왜 그렇게 끝까지 돌봐 주셔야 하셨을까요? 바로 나를 사랑하시기 때문입니다. 미련하실 정도로, 바보처럼, 나를 사랑하시기에, 주시고 또 주시고, 우리를 일으키시며 사랑하시는 하나님의 사랑이 계속해서 딴청하고 배반하는 제자들을 찾으십니다. 우리는 그러하신 예수님을 계속 만나야 합니다. 그렇지 않으면 나는 곁길로 나가고 내 맘대로 살고자 하기 때문입니다.

오늘도 나는 뜁니다

지나온 나의 길이 헛수고였다 해도 하나님의 은혜입니다. 지금 개척의 길이 무모한 헛수고처럼 보여도 하나님의 축복입니다. 하루하루가 하나님의 은혜요, 일용할 양식이며, 내가 예수님을 만나는 체험의 연속입니다. 지난 1년 반 동안 아내와 함께 길거리에 나가 전한 전도지가 10만 장입니다. 3만 장을 전했을 때, 첫 신자가 교회로 찾아왔습니다. 누군가는 힘겹게 하고 나서야 함께할 신자가 겨우 생겼다고 하겠지만 나는 하나님께 감사하며 기도했습니다. "3만 장에 한 명이 온다면 6만 장, 10만

장 더 전하겠습니다. 하나님을 만나고 그들의 인생에 하나님께서 허락하신 사랑과 축복을 만나도록 더 열심히 뛰겠습니다."

분명 성경에는 전하라고 하셨지만 많은 이들이 여러 이유와 논리를 통해 사실상 전도를 포기하라고 합니다. 간혹 전하다 보면 왜 전도하냐고 무식하다고 하는 이들을 만납니다. 물론 품위 있어 보이는 활동이나 세련된 선교의 방식들도 많습니다. 그러나 나는 그 모든 것들은 나의 삶으로 나타나는 간증이어야 하고, 거기에 더하여 잔치에 참여하라고 전하는 것이 크리스천이라고 믿습니다. 나는 그런 분들이 생각하는 종교가 아닌 바로 나를 사랑하시는 하나님을 정말로 만나도록 초청하고 싶습니다.

어느 날은 함께하겠다는 분들과 전도를 나갔습니다. 시간이 끝나갈 무렵, 한 분이 지나가시던 어느 할아버지 한 분과 대화를 나누느라 교회로 돌아가지 못해 모두 기다리게 되었습니다. 그분은 전도하는 분을 붙들고 무식함을 깨우쳐 주고 가르치겠다고 핀잔을 주고 있을 때, 나는 가만히 돌아보았습니다. 그날 함께 나온 분들은 모두 사장님과 사모님, 교수님과 사모님, 아이비리그 유학 경험자들인데 누구도 불쾌해 하지 않고 기쁨으로 그냥 그분의 비판을 들어 줍니다. 하나님께서는 더 하실 겁니다. 그토록 사랑한다 하시고 모든 것을 주셨어도 모든 것 위에 뛰어나신 하나님이시지만 슬픔과 간절함으로 그를 보시며 그래도 너를 사랑한다 하실 것입니다. 그 자리에서 그에게 뭔가 보여 주실 수도 있고, 어느 것이라도 가능하실 텐데 하나님은 무장해제하시고 바보처럼 계십니다. 사랑 때문에, 우리 때문에, 하나님은 사람바보로 사십니다.

나와 교우들은 노방전도에서 아예 거절하시는 분들에게 억지로 말을 걸거나 붙들지는 않습니다. 그저 기도하고 하나님의 심정으로 나가 전도지를 건넬 뿐입니다. 다른 교회처럼 좋은 전도용품을 전하지 못하고 전도지 한 장, 달랑 드리지만 길거리에 뒹굴지 않는 것만으로도 하나님께 감사하고 받아준 분들에게 고마울 뿐입니다.

추운 겨울, 이번 주에는 교인들을 위하여 쌍화탕을 다립니다. 매년 겨울방학 때면 나는 아이들에게 보약은 못 해 줘도 감기 걸리지 말라고 쌍화탕을 사다 다려 주었습니다. 이제 교인들이 나에게는 가족처럼 소중한 분들이기 때문에 그렇게 합니다. 예배 준비에 설교 준비, 그리고 쌍화탕까지 정신없이 움직여도 오직 하나님의 은혜입니다. 폐차 권유를 받는 차를 조심스럽게 몰며 교회를 갈 수 있는 것도 하나님의 은혜입니다. 하나님께서 나를 그토록 사랑하셨고, 교회를 찾아오는 분들을 그토록 사랑하시기에 나는 오늘도 교회 문을 열고 예수님을 만납니다.